모두의 혁신

4차 산업혁명 시대의 대한민국 생존전략

모두의 혁신

4차 산업혁명 시대의 대한민국 생존전략

공학박사 황영헌

비전C&F

추천사

모두의 혁신, 모두의 미션을 응원합니다.

황영헌 박사가 책 원고를 들고 제 방으로 찾아오신 날을 기억합니다. "4차 산업혁명, 이제는 실행하자"고 주장하셨던 박사님의 책 제목을 읽고 저는 참으로 동의하지 않을 수 없었습니다. 혁명은 모두의 변화가 기본이 되어야 한다는, 대명제를 던지셨기 때문입니다.

ICT 산업 현장에서 30여 년 동안 일하다 국회에 들어온 저는 요즘 그 어느 때보다 가슴이 터질 듯 답답합니다. 모두가 창의와 혁신을 부르짖고 있지만 규제 때문에 여기 저기 눈치를 봐야하는 산업 현장의 고충을 너무나 잘 알기 때문입니다. 신뢰할 수 있는 혁신이 우리 모두의 과제가 아닐까 생각합니다.

2016년, 저는 국회에 입성하자마자 '4차 산업혁명'이라는 Agenda를 던지며 혁신과 변화를 외쳤습니다. 일각에선 당장 먹고 사는 문제가 급한데, 한가하게 영화에 나오는 신기술 이야기만 하냐며 타박을 주기도 했습니다. '4차 산업혁명'은 단순히 최첨단 기술만을 다루는 미지의 영역이 아닙니다. 소프트웨어를 기반으로 한 전방위적 사회 대변혁이고, 유연한 사고와 파괴적 혁신의 패러다임인데, 오해가 많아 답답했습니다.

황영헌 박사가 이 책을 통해 4차 산업혁명의 정의와 우리의 행동전략을 제대로 짚어낸 것 같아 자랑스럽습니다. 누구보다 산업에 대한 이해도가 높기에 지금의 절박한 상황을 통탄하며 글을 써내려 갔으리라 생각합니다.

혁신하지 않으면 살아남을 수 없다는 황 박사의 외침이 가슴을 울립니다. 과감하고 열정적인 황 박사의 제안이 훗날 정교한 분석과 기획을 통해 현실화 되었으면 좋겠습니다. 부디 이 책이 뼈를 깎는 고통을 각오하고 변화의 파고를 넘는 모든 이들에게 큰 힘이 되길 바랍니다.

기업하기 좋은 나라, 혁신이 넘치는 나라, 위대한 대한민국!

황 박사의 뜨겁고 올곧은 소망이 이루어지길 간절히 소망합니다.

— 송희경 20대 국회의원, 국회4차산업혁명포럼 공동대표

추천사

이론과 실전을 겸비한 지식인의 충언이 담긴 책

한국경제 위기에 대한 경고음이 커져만 가고 있다. 보수, 진보 정권을 떠나서 한국 경제가 구조적 한계에 직면하고 있는데 그 구조의 문제를 외면하고 임기응변과 인기영합주의로 흐르고 있다. 이것은 일본이 했던 손쉬운 대응법일 뿐이다. 그결과 일인당 국민소득에서 90년대 세계 4-5위까지 치솟았던 일본의 위치는 이제 1970년대 순위로 되돌아갔고 잃어버린 30년의 고통은 지속되고 있다.

구조적 문제를 외면한 대가를 우리는 IMF 외환위기 시절에 겪어 보았다. 기업이 파산하고, 가정이 파산하고 그리고 젊은이들의 삶에 대한 의지와 희망이 파산하는 시절을 겪어 왔다. 그런데 또 다시 한국경제는 4차 산업혁명의 전세계적인 변혁을 잘 수용하지 못하고 구조적 문제를 외면하고 있다.

해법은 언제나 혁신이다. 그런데 무엇을 혁신하고, 그 혁신의 강도는 얼마나 되어야 할까? 황영헌 박사의 《모두의 혁신》은 이런 질문에 대한 답을 하고 있다. 그는 본질적이고, 구조적 문제를 해결하는 혁신을 해야 한다고 호소한다. 그 강도는 마누라와 자식까지도 바꾸어야 한다고 대답한다. 물론 이혼을 하고, 자식을 내버리라는 이야기는 아니다. 마누라와 자식도 이제는 생각과 행동 모두를 바꾸어야 한다는 포효다.

한국에서 혁신에 관해 가장 자신 있게, 그리고 구체적으로 말할 수 있는 사람이 있다면 황영헌 박사가 바로 그 중에 한명이라고 감히 단언할 수 있다. 그는 4차 산업혁명을 이해할 수 있는 공학박사에, 기업에서 IT 관련 신규사업 기획하고, 컨설팅을 하고, 또 청년들의 창업을 지원하는 지원 사업과 국회에서 국가 정책을 지원했던 다양한 실무 경험을 갖고 있다. 이론과 실무로 무장된 지식인이 나라를 구하고자 크게 외치는 웅변의 책이다.

부디 널리 퍼져서 미래세대가 희망을 갖는 나라가 되었으면 한다.

- 이병태 KAIST 교수

추천사

학생, 주부, 전문가, 관료, 정치인 모두가 읽어야 할 책

  인류역사가 발전해 오는 과정에서 혁신처럼 중요한 과제는 없을 것으로 생각된다. 특히 4차 산업혁명이 진행 중인 지금은 혁신이 더욱 중요함은 재론이 필요 없다. 황영헌 박사의 《모두의 혁신》은 바로 4차 산업혁명에 뒤져서 후진국이 되지 않기 위해서는 모두가 완전히 혁신하지 않으면 안된다는 점을 강조한다. 학교, 정부, 국회, 청와대, 지방, 공부, 미래인식은 물론 마누라와 자식의 생각까지도 혁신해야 한다고 주장한다.

  너무도 지당한 제안이다. 한국의 교육제도는 한때 미국의 오바마 대통령이 칭송할 정도였지만 갈수록 낙후되어 수포자(수학포기자) 과포자(과학포기자)를 양산하는 등 4차 산업혁명에 필요한 인재를 키워내지 못하고 있다. 인공지능, 블록체인 등 4차 산업혁명의 현장에서는 필요한 인재를 찾지 못해 외국에서 인재를 모셔야 하는 실정이다. 낙후된 교육으로 글로벌 경쟁력을 갖추지 못한 한국 청년은 중국과 인도 청년들이 몰려들어 첨단기술 개발에 밤잠 없이 경쟁하는 실리콘밸리에는 명함도 내밀지 못하고, 워킹 할리데이라는 그럴듯한 이름으로 포장돼 호주 등지에서 허드렛

일이나 하고 있는 실정이다. 중국과 인도 청년들은 실리콘밸리에서 쌓은 경험을 자국으로 돌아가 자국의 첨단산업 발전에 기여하기도 하다. 이제 한국의 교육을 완전히 혁신하지 않으면 안되는 절박한 상황에 직면해 있다.

정부와 청와대, 국회가 혁신해야 함은 두말할 필요가 없다. 기업은 일류, 정부는 이류, 정치가 삼류란 말은 이미 진부한 말이 되고 있을 정도다. 더욱 한심한 것은 이류 삼류가 규제의 권한을 휘두르며 일류 기업들을 옭죄고 있는 점이다. 혁신에 절대적으로 필수요건인 규제개혁을 하려면 규제의 칼날을 쥐고 흔드는 정부와 청와대 국회가 먼저 혁신해야 한다.

지방정부도 당연히 혁신해야 한다. 흔히 지방정부의 방석규제가 더 무섭다는 말이 기업인들에게서 나오고 있는 것이 현실이다. 이래서는 혁신이 일어날 수 없다. 지방규제가 많을수록 그 지방은 낙후되게 마련이다. 황영헌 박사의 날카로운 지적처럼 대구가 왜 1992년부터 26년 동안 1인당 지역내총생산(GRDP)이 전국 광역시도 중에서 꼴찌를 면치 못하고 있는지 깊은 자성이 필요한 실정이다.

다가오는 미래는 엄청난 혁신을 요구하고 있다. 과거 산업혁명에 뒤진 국가들이 피식민지 후진국을 면치 못했듯이 4차 산업혁명에 뒤지면 또 얼마나 우리의 후손들이 후진국에서 신음하며 살아가야 할지 모른다. 이처럼 상상을 초월한 엄청난 질과 양으로 다가오는 4차 산업혁명의 거대한 전환(deep shift)에서 앞서가는 나라가 되기 위해서는 미래에 대한 생각자체를 혁신해야 함은 두말할 필요가 없다.

황영헌 박사는 그의 경력이 보여주는 바와 같이 다양한 삶을 살아오면서 한 가지 일관된 분야를 연구하고 또 직접 경영도 해 온 창의적인 인물이다. 바로 정보통신기술(ICT) 분야다. 이 정보통신기술이 바로 지금 4차 산업혁명시대 혁신의 바탕이 되는 핵심 기술임은 주지의 사실이다. 정보통신기술이 금융 의료 모빌리티 등 각종 산업들과 융복합하면서 4차 산업혁명을 이끌어 가고 있다. 황영헌 박사의 세 자녀들도 모두 이 분야에서 공부하고 있는 점이 이채롭다. 모두 정보통신기술 가족, 4차 산업혁명 가족이라고 해도 과언이 아니다.

황영헌 박사의 이 책은 저자의 경험을 바탕으로 4차 산업혁명 시대를 맞아 우리 모두가 혁신하지 않으면 안되는 지상명제를 아주 쉽게 설명하고 있다. 중요한 주제를 다루고 있으면서도 쉽게 설명하고 있어 금융ICT 융합이라는 같은 분야를 연구하는 사람으로서 감히 학생들부터 주부는 물론 학자, 전문가, 관료, 정치인에 이르기까지 모두 일독을 권하고 싶은 책이라서 감히 추천의 말씀을 올리게 되었다.

일독을 권하며 마지막으로 바쁜 가운데서도 이러한 좋은 책을 저술한 황영헌 박사의 노고를 치하하는 바이다.

- 오정근 한국금융ICT융합학회 회장, 2020 경제대전환위원회 전문가위원장

추천사

노령화의 증가와 현 정부 들어 문제가 되고 있는 복지예산의 급증은 향후 우리나라에 가장 큰 문제가 될 것입니다.

정치인이자 의사인 저는 그동안 의료와 복지분야의 문제를 고민해 왔으며, 정보통신기술이 이 분야의 많은 문제를 해결해 주리라고 생각하고 있습니다.

황영헌 박사는 KT 연구소에 재직하면서 원격진료 기술 개발, 만성질환자 관리용 플랫폼 개발 등 의료분야에 대한 연구와 다양한 분야의 정보통신기술을 연구해 온 만큼 이 책에서 제안하는 혁신적인 아이디어들이 우리나라 미래 문제를 많이 해결할 수 있으리라 생각합니다.

아무쪼록 이 책이 많은 분들에게 소개되어 우리나라의 미래에 긍정적으로 활용되길 바랍니다.

- 박인숙 19, 20대 국회의원(서울 송파갑), 전 울산대학교 의과대학 학장

1990년 한국국방연구원 입사동기인 황영헌 교수가 절규하는 심정으로 저술한 《모두의 혁신》은 탁상공론이 아니다.

자신의 치열하고 도전적인 삶을 통해 얻은 통찰력을 우리 사회와 국가

를 위해 환원하려는 독트린이다.

황 교수의 독트린은 4차 산업혁명 시대 도전을 대한민국이 성공적으로 극복하는 데 필요한 메시지가 될 것으로 확신한다.

- 백승주 20대 국회의원(경북 구미시갑), 전 국방부차관

신문과 방송에서 4차 산업혁명 시대라는 말이 자주 나오고, 이러한 변화가 개인과 국가에 기회도 될 수 있지만 큰 위기도 부를 수 있다는 말을 많이 듣는다. 변화가 기회가 되기 위해서는 당연히 국가와 기업, 개인이 변화에 맞는 혁신을 해야 하며, 제대로 된 혁신을 위해서는 법과 제도의 변화가 필요하다. 그리고 그 중심에는 국회가 있다.

kt와 벤처창업을 통해 내일을 위한 다양한 신기술을 개발해 왔고, 국회 정책연구위원으로 정책에 대한 역량도 가진 황영헌 소장이 지방분권을 하고 있는 우리들보다 올곧은 좋은 책을 썼다. 교육은 필히 바뀌어야 하고, 정부의 정책이 바뀌어야 하며, 국회가 바뀌어야 한다.

이 책에는 다양한 과감하고 새로운 정책 아이디어가 소개되고 있는 것을 보았다. 국회와 정부에서 진지하게 논의되고, 구체화되어 좋은 법률과 정책으로 하루바삐 거듭나길 바란다.

- 정해걸 18대 국회의원(의성, 군위, 청송), 지방분권전국공동의장

황영헌 박사는 KT 연구소 상무, 창조경제타운 단장, 국회 과학기술방송정보통신위원회 정책연구위원 등을 역임했고, 최근에는 대구·경북가상증강현실산업협회 회장으로 취임하여 4차 산업혁명 관련한 많은 활동을 해왔습니다. 뿐만 아니라 교육에도 많은 관심을 가져 두 권의 교육서적을 출간하였으며, 2018년부터 대구광역시 교육청에서 실시하는 학부모역량강화교육 강사로 40여 중학교에서 창의교육의 중요성을 활발히 소개했습니다.

이미 들어와 있는 4차 산업혁명의 격랑을 이겨내기 위해 제일 먼저 혁신되어야 할 분야가 교육이라는 저자의 주장에 공감합니다. 이 책에는 현재 우리나라 교육이 가지고 있는 많은 문제를 지적하며 4차 산업혁명 시대에 우리 교육이 바뀌어야 할 많은 아이디어를 소개하고 있습니다. 특히 창의성을 기르는 방법, 아이들의 미래역량을 길러내기 위한 저자의 유쾌하고도 예리한 설명은 학부모와 학생, 그리고 교육계에 계신 분들께 큰 도움을 주리라 생각합니다.

- 강은희 대구광역시 교육감

내가 혁신하지 않으면 남이 나를 혁신(포맷)시킨다. 내가 나를 바꾸지 않으면 남이 나를 내가 원하지 않는 방향으로, 즉 나를 도태시키는 방향으로 강제로 변화시킨다는 의미이다. 그래서 살기 위해서, 생존하기 위해서, 그리고 성장하기 위해서 우리는, 그리고 우리 사회는, 대한민국은 스스로 자발적으로 선도적으로 바꾸고 변화해야 한다.

그러나 우리 현실은 그러하지 않다. 이러한 답답하고 캄캄한 현실에 등불같이, 등대같이 나타나 일깨움을 주는 서울공대 친구 황영헌 박사의 저서는 그 울림이 크고 일독을 강추한다. 일독이 아니라 곁에 두고 늘 상고(常考)해야 할 명저이다.

교육부터 변하고 정부 정책, 국회, 청와대, 지방정부의 정책의 변화 방향까지 총망라하여 제시하는 본 책은 대한민국 생존서이다.

공부 잘하고 싶은 청소년, 학부모, 생각의 전환을 꾀하는 청년, 정치 후보생 및 청와대, 정부 공무원들, 국회의원들 및 비서관, 일반 시민들께도 강추한다.

'대한민국을 극복하는 그 순간 대한민국은 위대해졌다'는 저자의 결어대로 대한민국이 위대해지기를 간절히 소망한다.

- 박용호 전 대통령직속 청년위원장(장관급)

기술 변화에 민감한 IT전문가로, 세 아이의 아빠로 살아온 '노마드 대디(Nomad Daddy)'가 말하는 대한민국 혁신법과 아이 교육법. 사회 각 분야 38개 아이디어가 일목요연하게 펼쳐진다. '수능을 없애라', '법 발의보다 폐지에 성공한 국회의원을 평가하라' 등 파격적인 주장이 눈길을 끈다.

사회의 비효율을 방치해서는 대한민국이 지속가능하지 않을 것이라는 게 저자의 주장이다. 창의적 인재를 확보하는 것은 4차 산업 혁명이라는 거대한 파고를 넘는 알파요, 오메가다. 교육법에 100페이지 이상 할애한 저자의 문제의식에 공감한다.

- 류현정 조선비즈 실리콘밸리 특파원, 전 IT조선 취재본부장

4년전 대구도시공사가 수성알파시티에 스마트시티 테스트베드 구축 사업을 시작할 무렵 관련 전문가들을 자문위원으로 위촉하면서 황영헌 박사님을 만났고, 많은 자문과 고견을 얻었습니다. 4차 산업혁명, 스마트시티에 대한 의견을 나누던 시간이 엊그제 같은데, 그 결과가 가시화되는 시점에 뜻깊은 책을 낸 것에 찬사를 보냅니다.

《모두의 혁신》이라는 제목부터가 실무를 경험한 나의 가슴에 확 와 닿습니다. 4차 산업혁명 시대에 생존하기 위해 대한민국이 모든 분야에서 혁신해야 한다는데 깊이 공감합니다.

전 세계적으로 ICT 기술을 도시에 접목하는 스마트시티가 빠르게 확산되고 있습니다. 낮은 경제성장, 첨단 ICT의 발전, 늘어가는 도시개발 수요를 바탕으로 많은 나라가 경쟁적으로 스마트시티 사업에 나서고 있고 향후 10년간 가장 빠른 성장이 예상되는 산업입니다. 4차 산업혁명의 결과 태어날 새로운 거대도시의 형태는 반드시 스마트시티가 될 것입니다.

이에 대구시도 스마트시티를 신성장 산업의 하나로 추진하고 있으며, 4차 산업혁명 시대의 제대로 먹거리 산업을 만들기 위해 한발 앞서 혁신해야 할 것입니다. 책에서는 4차 산업혁명의 당위성과 스마트시티까지의 필

연적 연결고리를 설명하며, 그 과정에서 발생할 인프라 문제, 정치 문제, 규제 문제를 다루면서 대안을 제시하고, 나아가 대구시가 스마트시티의 세계적인 선도주자가 될 수 있는 방향을 말하고 있어 현업을 지휘하는 저로서는 독서상우(讀書尙友)하는 마음입니다.

마지막으로 박사님의 앞날에 큰 발전을 기원합니다.

- 이종덕 대구도시공사 사장

4차 산업혁명 시대라는 말이 어렵기도 하지만 일본에서는 요양로봇이 도입되고, 호텔 서비스도 로봇이 한다고 하니 엄청난 변화가 있다는 느낌을 받습니다. 대구시노인회 회장을 맡았던 나로서는 로봇이 심각한 고령화 문제를 해결할 수 있다는데 많은 흥미를 가집니다.

지역에서 어르신을 잘 섬기기로 유명한 황영헌 박사가 이번에 정보통신기술을 이용하여 국가의 많은 문제를 해결할 수 있는 정책을 정리했다고 해서 흔쾌히 추천사를 쓰게 되었습니다.

우리나라와 대구시가 이 책의 내용을 잘 참고해서 경제위기를 해결하고, 산적한 사회문제를 풀어 나가는 지혜를 얻게 되길 바라고, 황영헌 박사가 이런 일을 주도적으로 할 수 있는 기회가 주어지길 간절히 희망합니다.

- 오남진 한국노년봉사단 이사장, 전 대한노인회 대구광역시 연합회장

향교에 출입하는 분들이 모일 때마다 국가와 지역경제의 어려움, 일자리 감소, 고령화 급증과 출산율 저하에 대해 우려하는 이야기를 한다. 생소하기도 하지만 엄청난 변화를 몰고 온다는 4차 산업혁명 시대도 불안하기는 마찬가지다.

황영헌 박사는 과거 4차 산업혁명과 관련된 다양한 경험을 바탕으로 새로운 시대에 필요한 혁신과 교육에 대해 해박한 지식을 가지고 있으며, 이를 지역언론과 강연, 세미나 등으로 소개하여 왔다.

부디 이 책이 대한민국과 지역의 발전에 크게 기여할 수 있길 바라고, 응원한다.

- 배종찬 칠곡향교 전교

머리말

4차 산업혁명의 광풍, 급속한 고령화와 출산율 급감, 통상, 외교, 안보 환경의 악화, 기업경쟁력 악화, …

온통 우울한 소식이 넘쳐난다.

이러한 위기에 대한 제대로 된 대응도 대비도 보이지 않는다.

혁신이 시급하지만 과거에 매여 구태의연, 요지부동인 학교와 정부, 국회, 그리고 가정과 개인을 보면 안타까움을 넘어 불안감이 앞선다.

청와대와 정부, 그리고 국회는 기업을 옥죄는 결정을 계속하고 있고, 기업활동에 감놔라 배놔라 훈수를 두는 촌극은 여전하다.

돌아보면 필자는 다양한 경력을 거쳐왔다.

1990년~1995년 한국국방연구원에서 국방과학기술에 대한 연구를 하였고, 이후 박사과정을 거쳐 컨설팅회사에서 업무 재설계(Business Reengineering) 컨설팅을 하다가 양방향TV서비스를 제공하는 ㈜젠터닷컴을 창업하게 되었다.

2005년 사업에 실패한 후 KT에 들어와 9년간 차세대인터넷, 원격진료,

화상회의시스템, 스마트팜, 네트워크 보안, CCTV 보안, 시설보안, 신재생에너지, 에너지 관리, 전기자동차, 환경 모니터링 등 다양한 정보통신기술(ICT) 관련 연구개발을 했다.

이런 과정에서 모두 67건의 특허를 출원하고, 30개 이상의 특허를 등록했다.

2014년 KT를 퇴사한 다음 해에 창조경제타운 단장을 맡아 많은 사업 아이디어를 평가하고, 창업을 돕는 멘토링 활동을 하였고, 성결대, 숭실대, 계명대에서 ICT 관련 학과의 겸임교수를 역임하기도 했다.

2016년부터 (사)연구소4.0을 개소하여 ICT 관련 연구, 정책개발, 컨설팅 등을 수행하고 있으며, 2017년에는 국회 과학기술방송정보통신위원회 정책연구위원으로 근무하였고, 현재 (주)아세아텍에서 정밀농업용 드론 개발 과제를 수행하고 있다.

또한 2016년부터 대구도시공사의 스마트시티 자문위원, 국회 4차산업혁명 연구포럼 특별회원으로 활동하였고, 2019년 7월부터 대구경북가상증강현실산업협회 회장을 맡아 오고 있다.

2014년에는 아이갓이라는 ICT 관련 책을 번역하기도 했다.

ICT 분야 내지 4차 산업혁명 시대에 직간접 영향을 받는 분야에서 다양한 활동을 하면서 세상의 변화의 방향과 속도를 몸소 느껴왔다.

우선 세 명의 자녀를 키우면서 새로운 세상에 대응하기 위해서는 기존 교육의 문제를 인식하고, 새로운 교육이 필요하다는 생각에 다른 가정과는 전혀 다른 길을 선택했다.

그 결과 큰 아들은 MRI 의료영상을 인공지능으로 분석하는 연구를 하는 박사과정, 딸은 디지털미디어 교육과정개발을 연구하는 석사과정, 막내 아들은 인공지능과 로봇에 대한 공부를 하는 대학생이다.

모두 4차 산업혁명 시대에 촉망받는 전공이다.

이러한 교육경험을 '집나간 아빠를 찾습니다', '노마드대디'라는 책으로 정리하였고, 지역 팔공신문에 3년간 139회의 창의교육칼럼을 쓰기도 했다.

2018년부터 대구시교육청에서 실시하는 학부모역량강화교육의 창의적인재 분야를 맡아 40여개 중학교에서 강의를 하고, 여러 기관에서 창의교육의 필요성을 소개했다.

내가 살고 있는 대구의 위기, 그리고 대한민국의 위기를 느낀다.

그래서 그간 (사)연구소4.0에서 연구한 결과와 다양한 활동을 통해 느낀 점을 책으로 발간하게 되었다.

먼저 인재를 기르는 학교가 혁신해야 하고, 정부와 국회, 청와대가 혁신해야 하며, 대구가 혁신하고, 가정과 개인이 혁신해야 한다.

그렇다, 모두가 혁신해야 한다.

지금의 혁신은 남을 이기기 위한 성공전략이 아니라 살아남기 위한 생존전략이다.

위기감으로, 절박함으로 혁신해야 한다.

제목을 정하는 과정에 해프닝이 있었다.

이건희 전 회장의 "마누라와 자녀 빼고는 다 바꿔라"라는 제목을 차용해서 "마누라와 자녀까지 〈생각을〉 다 바꿔라"라는 제목을 쓰려고 했으나 아내와 딸의 강력한 반대에 부딪혔다.

왜 남편이 마누라의 생각을 바꾸고, 아버지가 자녀의 생각을 바꾸냐라는 것이었다.

사실은 마누라가 생각을 바꾸고, 자녀가 생각을 바꾸라라는 뜻이었는데 오해할 수도 있겠다는 생각에서 '모두의 혁신'이라고 제목을 정했다.

가급적 많은 분야를 다루다보니 나의 역량을 넘어서는 분야도 있으며, 파괴적인 혁신을 주장하다보니 다른 분들께는 비현실적인 제안으로 여겨질 수 있을 것이다.

실제 정책이 될 때는 보다 치밀한 분석과 정교한 기획이 필요한 만큼 제안의 문제점에 포커스를 두기 보다는 제안의 방향과 속도, 그리고 우리가 처한 상황에 대한 위기감을 읽어 주셨으면 좋겠다.

기업하기 좋은 나라, 창의성과 도전, 그리고 꿈과 새 희망이 넘치는 나라, 위대한 대한민국을 꿈꾼다.

황영헌

목 차

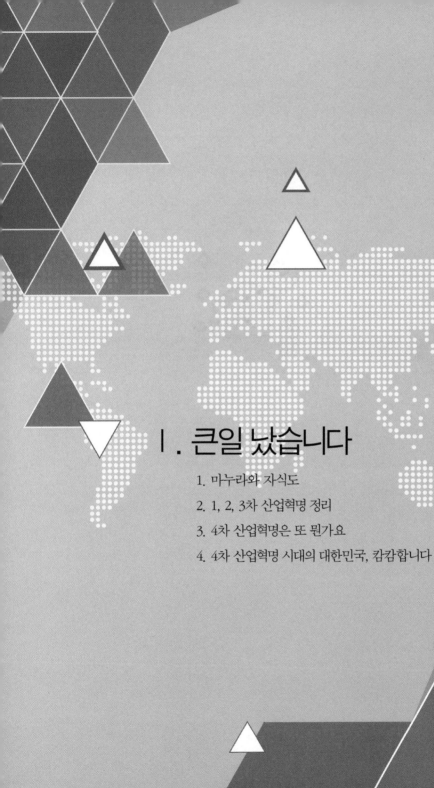

Ⅰ. 큰일 났습니다

I.

큰일 났습니다

마누라와 자식도

2016년 3월 9일, 이세돌과 알파고, 알파고와 이세돌의 역사적인 바둑 대국이 열렸다. 다들 기억하겠지만 결과는 1:4, 인간의 패배였다. 3월 13일에 열린 네 번째 대국에서 거둔 승리는 알파고와 겨루어 인간이 이긴 첫 경기이자, 마지막 경기였다.

어떻게 마지막이라고 단언할 수 있나? 단언할 수 있다. 알파고는 그 이후 버전을 바꿔가며 성능을 개선했는데, 2017년에 중국의 커제와 경기를 해서 3:0으로 완승했으며, 그 이후에도 대국을 벌여 총 74전 73승 1패를 기록한 후 바둑계를 은퇴해 버렸다. 더 이상 적수가 없다는 이야기다. 물론 알파고가 기록한 유일한 1패는 이세돌에게 진 것이었다. 이제 알파고가 바둑계를 떠났기 때문에 인간이 알파고를 이길 기회가 없어지기도 했지만, 은퇴할 때의 알파고는 이세돌과 겨루었던 알파고와 비교할 수 없을 정도로 강해졌기 때문에 인간은 더 이상 알파고의 상대가 될 수 없다.

과거 SF 영화에서 보던 수많은 개념들이 실제로 현실화되고 있으며, 우리의 삶을 바꾸고 있다. 그해 2016년 1월에 열린 다보스 포럼의 주제는

"4차 산업혁명의 이해"였고, 다보스 포럼 회장인 클라우스 슈밥은 그해 4월 《제4차 산업혁명》이란 책을 출간했다. 그때부터 우리나라 산업, 교육, 언론, 방송, 출판, 정치권 어디를 가도 4차 산업혁명에 대한 논의가 넘쳐난다. 그러나 "2차, 3차 산업혁명도 모르겠는데, 4차 산업혁명은 또 뭐냐?", "4차 산업혁명은 그저 말장난에 불과하다."라는 이들도 많다.

● 4차 산업혁명을 무시하면 한 방에 훅 간다

그러나 분명한 것은 4차 산업혁명을 간과했다간 한 방에 훅 간다. 정말이다. 개인은 물론이고, 기업이 훅 가고, 대한민국이 훅 갈 수 있다. 전 세계 핸드폰 시장을 주름잡던 노키아가 스마트폰을 우습게보다가 훅 갔고, 샌프란시스코의 택시회사 옐로캡이 우버 때문에 파산했다. 자율주행 자동차가 보편화되면 운전기사가 훅 갈 것이고, 자동화로 인해 공장 노동자가 훅 가며, 노동조합의 힘으로 노동자를 지켜낸 회사는 자동화로 경쟁력을 높인 회사에게 훅 가며, 새로운 혁신을 만들어 내지 못한 국가는 세계 무역에서 훅 간다.

이 책을 통해서 4차 산업혁명 시대에 대해 설명하고, 4차 산업혁명 시대의 주요기술들에 대해 설명하며, 이러한 시대를 대비하기 위해 우리가 바꾸어야 할 것들을 소개하고자 한다.

●마누라와 자식만 빼고 다 바꾸자

정보통신기술(Information Communication Technology라는 영어의 약자로 ICT라
는 용어로도 사용됨: 저자 註)이 본격적으로 도입되었을 때, 업무 재설계(BR,
Business Reengineering)란 말이 널리 사용되었다. 마이클 해머라는 경영학
자가 1990년 〈하버드 비즈니스 리뷰〉란 잡지에서 처음 사용하였던 말로
"기존의 업무를 고객만족의 관점에서 근본적으로 재설계함으로써 조직 경
쟁력을 강화하자"는 개념이다. 1993년 이건희 삼성그룹 회장은 "마누라
와 자식만 빼고 다 바꾸자"라는 말로 업무 재설계를 표현하였고, 이때부
터 삼성그룹은 뼈를 깎는 혁신을 시작했다. 그 결과 오늘날 세계 초일류
삼성그룹을 이루었으며, 당시 선두권을 놓고 각축을 벌이던 현대, LG, 대
우그룹과는 비교도 할 수 없는 넘사벽('넘을 수 없는 4차원의 벽'이라는 신조어)
그룹이 되었다.

이 때 업무 재설계가 가능했던 이유는 정보기술과 통신기술의 발달이
었다. 사람에 의해 작업이 이루어지고, 정보가 전달되던 과거 업무방식은
컴퓨터에 의한 작업과 통신에 의한 정보전달로 바뀌었으며, 그로 인해 업
무속도와 효율은 엄청나게 개선되었다. 사실 1980년대 말 미국은 굼뜬
공룡이 되어 많은 산업분야에서 기민하게 달려가는 일본에 추월을 허용
했고, 할리우드의 콜롬비아 영화사, 뉴욕의 록펠러 센터를 사들이는 일

본을 보며 공포를 느껴야 했다. 심지어 1989년 모리타 아키오 소니 창업자와 이시하라 신타로 교통성장관이 《노라고 말할 수 있는 일본》이라는 책을 출판해서 미국의 심기를 건드리기도 했다. 그러나 1990년대 미국에 불어 닥친 업무 재설계의 영향으로 침체의 늪에 빠졌던 미국의 산업 경쟁력은 대폭 제고되었으며, 미국은 다시 세계 초일류 국가로서의 자리를 유지하게 되었다. 반면, 이러한 혁신의 흐름에 재빨리 올라타지 못했던 일본은 장기간 침체의 늪에 빠졌으며, 당시에 자라난 일본의 젊은이들은 패기도 의욕도 없는 무기력한 세대로 일본의 짐이 되고 있다. 바뀌어야 할 때 바뀌지 못하면 그로 인한 피해는 당대뿐 아니라 다음 세대에도 미치게 된다는 사실을 여실히 보여주는 사례라고 할 수 있다.

대한민국 경제가 위기라고 하며, 내가 살고 있는 대구 경제가 위기며, 기업과 소상공인들의 미래가 위기라고 한다. 많은 집안에서 가장의 미래가 위태롭다고 하며, 자녀의 미래가 위기라고 한다. 이 위기를 제대로 진단하고, 제대로 혁신해야 한다. 그러지 않으면 그 위기는 국가의 부도로, 지방정부의 부도로, 기업과 사업체의 부도로, 가정의 몰락으로 이어지게 될 것이다.

수천 억 추가경정예산 편성으로 해결될 수 있는 문제가 아니다. 정부의 연구개발재정을 늘인다고 혁신이 일어나는 것은 아니며, 지방에 혁신도시를 만들고, 기술중심 대학 몇 개를 만든다고 4차 산업혁명 시대에 효과적으로 대응할 수 있는 것은 결코 아니다. 초등학교 교과과정에 코딩교육 몇 시간 집어넣는다고 아이들이 인공지능 전문가로 자라나지 않으며, 대학교에 컴퓨터 과목을 필수과목으로 집어넣는다고 우리나라의 정보통신 기술이 획기적으로 바뀌지 않는다. 교육과 정부 정책, 국회와 청와대, 그리고 지방정부, 가정과 개인 모든 것이 바뀌어야 한다.

●마누라와 자식도…

"마누라와 자식만 빼고 다 바꾸자"를 넘어서는 혁신이 있어야 한다. 이제는 마누라와 자식까지 바꿔야 한다. 물론 마누라를 버리고, 자식을 버리라는 말은 아니다. 과거에는 집에 있는 마누라와 학교에서 공부하는 자식은 그대로 두고, 직장에서 일하는 아빠만 바뀌면 되었지만 이제는 전업주부도, 직업을 가진 여성도, 자녀도 생각을 바꾸고, 습관을 바꾸고, 행동을 바꾸어야 한다.

점수를 따기 위한 공부가 아니라 창의성과 혁신을 불어넣는 교육으로 바뀌어야 하고, 공무원이 되기 위해, 대기업에 들어가기 위해, 의사와 약사가 되기 위해 분투하는 자세를 바꿔야 한다. 자녀의 성적과 진학, 그리고 안정된 직업을 위해 모든 것을 바칠 뿐 아니라 변칙을 서슴없이 행하는 가정의 분위기를 바꿔야 한다.

집단의 이해를 위해 새로운 도전을 가로막는 집단 이기주의, 지역의 생존을 위해 국가적인 혁신을 가로막는 지역 이기주의, 도전과 변화를 두려워하는 보신주의, 다문화시대와 다양성을 거부하는 폐쇄주의를 바꿔야 한다.

먼저 4차 산업혁명 시대를 설명하는 것으로 이야기를 풀어보자.

2.

1, 2, 3차 산업혁명 정리

2차, 3차 산업혁명도 모르겠는데 4차 산업혁명은 무엇인가요? 인공지능, 빅데이터, 클라우드, 핀테크, 가상현실, 원격진료, 3D 프린터 등 상상이 어렵고, 이해가 잘 되지 않는 수많은 용어들이 등장하는 것을 보면 뭔가 엄청난 변화가 일어나고 있는 것 같은데, 이 모든 것을 아울러서 표현하는 4차 산업혁명 시대 혹은 4차 산업혁명이란 말은 많은 이들에게는 어려운 용어임에 틀림없다.

이 책이 4차 산업혁명 시대를 슬기롭게 대처하기 위한 제안을 하기 위해 쓰인 만큼 최대한 쉽게 4차 산업혁명을 설명해 보겠다. 물론 1차 산업혁명부터 설명한다.

●증기기관이 만든 1차 산업혁명

1769년 영국의 제임스 와트가 증기기관에 관한 최초의 특허를 시작으로 영국은 과거 인류역사에 볼 수 없었던 엄청난 발전을 이룩한다. 증기기관을 물리학적으로 설명하면 열에너지를 운동에너지로 바꾸는 기계다. 그것은 과거 사람과 동물의 힘을 사용하거나 물의 낙차를 이용한 물레방아, 바람을 이용한 풍차나 돛단배를 뛰어넘는 혁신적인 발명이었다. 인간이 원하는 장소와 원하는 시간에 인간의 힘을 뛰어 넘는 에너지를 만들 수 있는 방법이 생긴 것이었다. 증기기관을 방적기에 연결하여 사람의 손에 의해 만들어졌던 피륙을 기계로 만듦으로써 비용과 속도에 있어 비교할 수 없는 개선을 달성했으며, 이후 증기기차, 증기선의 도입으로 교통혁명을 이루었다. 증기기관을 이용한 농기계가 발명되면서 임야와 습지를 개간하여 농지가 늘어났으며, 기계의 발전에 따른 제철산업의 발달, 제철에 필요한 석탄을 다루면서 발견되기 시작한 많은 석탄 화학제품의 등장으로 화학공업도 발전하기 시작했다.

수렵시대를 이어 수천 년 동안 이어진 영농시대의 종식을 고하고, 바야흐로 소위 "산업혁명(industrial revolution)"이 시작된 것이다. 이러한 혁명은 조만간 유럽 전역을 휩쓸었고, 수천 년 동안 중동과 중국, 이집트에 비해, 특히 지중해 연안의 로마제국에 뒤처져 있었던 북유럽, 서유럽이 세계의 맹주가 되는 계기가 되었다.

● 1차 산업혁명의 보조자, 인쇄술

그런데 산업혁명은 기계의 발명만으로 이루어질 수 있었을까? 복잡한 기계의 구조와 기계의 작동법, 그리고 고장 났을 때 수리할 수 있는 노하우 등이 사람에 의해 전달되었다면 어땠을까. 기계를 판매할 때 제임스 와트가 함께 가서 며칠씩 합숙을 하며 기계를 조립하고, 작동법을 가르치며, 고장 났을 때의 대처법을 설명해야 했다면 증기기관의 전파속도는 엄청나게 느려졌을 것이며, 아마 여태 극동 아시아에 있는 우리나라에 도달하지 않았을 수도 있다. 그건 혁명이 아니다. 그저 지속적인 변화일 뿐이다. 청동기시대, 철기시대를 혁명이라고 하지 않는 것은 전파속도가 너무 느렸기 때문이다.

제임스 와트의 발명이 혁명이 될 수 있었던 것은 15세기 중반 구텐베르크가 개발한 금속활자 인쇄술 때문이다. 기계의 조립, 작동, 수리법에 대한 내용이 매뉴얼로 기록되어 기계부품과 함께 다른 사람과 다른 국가로 전달되었으며, 증기기관에 대한 새로운 아이디어를 적은 기록이 인쇄물로 만들어져 다른 지역으로 배포되었고, 이로 인해 혁신의 산물들이 동시다발적으로 유럽과 아메리카 대륙으로 확산된 것이다.

요약하면 전 세계의 산업을 단기간에 변화시켰던 산업혁명은 과거에 존재하지 않았던 에너지 메커니즘의 혁신적인 발전, 그리고 발전된 지식을 전달하는 정보전달 방식의 발전이 결합됨으로써 생겨났다. 증기에너지와 출판물의 결합, 그것이 영국과 유럽, 그리고 아메리카를 획기적으로 변화시킨 산업혁명을 만들었고, 오늘날 이것을 '1차 산업혁명'이라고 부른다.

●전기와 전화, 방송이 만든 2차 산업혁명

그러던 19세기 말 새로운 혁명적인 에너지 메커니즘인 전기가 에너지원으로 사용되기 시작했다. 물론 전기에 대한 이해와 연구는 그 전부터 있어 왔지만 그것을 동력으로 활용할 수 있는 형태로 발전된 것은 19세기 말이다. 증기기관에서 만들어진 에너지는 기어나 축, 벨트 등을 통해 수 내지 수십 미터까지 전달되는데 그쳤지만, 전기 에너지는 가는 전선을 통하여 훨씬 먼 거리로 전달이 가능했기 때문에 효율성이 대폭 개선되었다. 또한 전구, 가전제품 등의 발명으로 전기는 산업뿐 아니라 가정의 모습까지 획기적으로 변화시켰다.

이것만으로도 가히 혁명이라고 할만하다. 그러나 이를 더 극적인 혁명으로 바꾼 정보전달 방식은 바로 전화와 방송이었다. 1869년 미국 대륙을 동서로 관통하는 대륙횡단 철도가 만들어졌다. 당시 철도는 고장도 잦았을 것이고, 갑작스런 사고도 많았을 것인데, 그 때문에 철도가 운행을 못하게 되었을 때 만약 전화가 없다면 어땠을까? 승객들은 오지 않는 기차를 하염없이 기다렸을 것이다. 철로를 눈이 빠지게 보고 있으면 멀리서 뿌얀 먼지가 보이기 시작한다. 잠시 후 한 사람이 말을 타고 오면서 소리친다. "기차가 고장 났어요. 며칠간 운행을 중단합니다." 그 소리를 들은 사람들은 투덜거리며 마차나 말을 타고 자신의 동네로 돌아갔을 것이다. 그런데 다시 기차가 운행을 시작했다는 소식은 어떻게 전했을까? 상상만 해도 불편함이 이루 말할 수 없다.

다행히 이런 일은 생기지 않았다. 1837년 사무엘 모스가 '모스 부호'를 고안하였고, 이를 이용한 전신(전기통신)이 개발됨으로써 정보 전달이 빛과 같은 속도로 이루어지게 되었고, 이 전신이 철도와 결합함으로써 물류와 정보의 전달이 결합된 것이다. 이후 1876년 그레이엄 벨이 전화를 개발함으로써 정보 전달이 훨씬 효율적으로 이루어지게 되었고, 그로 인해 산업의 발전에 지대한 영향을 주었다. 전신과 전화가 전 세계를 포화로 몰아넣은 세계대전을 가능하게 했고, 전 세계의 국가들이 함께 하는 근대 올림픽대회가 가능해진 것도 결국 전신과 전화의 등장 때문이라고 할 수 있다.

개인 간의 정보전달 수단인 전화와 함께 20세기에 들면서 시작된 라디오 방송, 텔레비전 방송 또한 세계 역사에 엄청난 변화를 주었다. 민주주의를 실천하기 위해서는 국민이 참여하는 선거가 필수적인데, 방송이 없었다면 후보자에 대한 정보, 정부 정책에 대한 홍보 등이 제대로 이루어질 수 없고, 근대 민주주의의 발전도 늦어졌을 것이다.

요약하면 전기를 에너지원으로 활용하기 시작하고 전화와 방송을 통한 정보전달 방식이 시작됨으로써 새로운 산업의 혁명이 일어났고, 이를 우리는 '2차 산업혁명'이라고 한다. 불행히도 우리나라는 1차 산업혁명과 2차 산업혁명 시대는 산업혁명의 수혜자가 되지 못했다. 오히려 두 차례의 산업혁명을 통해 막강한 힘을 가지게 된 나라들에게 국토가 유린당했고, 연이은 6.25전쟁으로 엄청난 피해 당사자가 되었다.

●컴퓨터와 인터넷이 만든 3차 산업혁명

3차 산업혁명은 1970년대에 시작된 컴퓨터와 인터넷 통신의 발명으로 설명된다. 사실 3차, 4차 산업혁명에서의 에너지 메커니즘은 전기 에너지로 동일하다. 제러미 리프킨은 그의 저서 《3차 산업혁명》(2012, 민음사)에서 과거 대형 발전소에서 생산하는 전기를 소비자에게 일방적으로 전달하는 메커니즘을 2차 산업혁명이라고 설명했다. 같은 전기 에너지지만 가정과 기업 등에서 태양광 발전을 비롯한 각종 신재생 에너지, 연료전지 등을 통해 전기를 생산한 수 있게 되면서 과거 전기의 소비주체가 생산에도 관여할 수 있게 되었다. 리프킨은 이처럼 전기의 생산과 소비가 혼합되는 환경을 스마트 그리드라고 불렀으며, 이를 새로운 에너지 메커니즘으로 설명하였다. 그리고 스마트 그리드가 도입을 '3차 산업혁명'이라고 부르며, 지금을 3차 산업혁명 시대라고 구분하고 있다. 즉 클라우스 슈밥이 말한 3차, 4차 산업혁명을 하나로 본 것이지만 리프킨의 구분은 그 뒤에 나온 슈밥의 구분으로 잊혀졌다.

컴퓨터 기술은 정보기술(Information Technology, IT)이라고 하고, 인터넷 기술을 통신기술(Communication Technology, CT)이라고 하며, 이를 합쳐서 정보통신기술, 영어로 ICT라고 부른다. 그러므로 3차 산업혁명을 간단히 ICT가 만든 산업의 변화라고 설명할 수 있다. 과거 사람이 하던 많은 일을 컴퓨터가 하게 되고, 전화를 통해 미주알고주알 설명하거나 팩스 또는 사람을 통해 전달하던 정보를 인터넷이 전달하게 된 것이다.

친구가 멋진 여자(또는 남자) 친구를 소개해 준다고 할 때 인터넷이 없을 때는 어떻게 설명했을까? 아무리 자세히 설명한다고 해도 그 사람의 모습은 제대로 그려지지 않는다. 천하절색의 미인이라고 소개받았는데, 막상 만나보고 친구와 의절하는 경우도 자주 있었다. 요즘은 어떻게 하나? "사진 보내." 끝이다. 물론 뽀샵기술이 발달해서 문제가 되기도 하지만 예전과는 비교할 수 없는 발전이다.

이처럼 컴퓨터와 인터넷의 발명은 기존의 업무방식을 획기적으로 바꾸었으며, 이로 인해 시작된 업무 재설계가 전방위적으로 변혁을 가져왔다. 또한 마이크로소프트, 애플, 구글, 아마존 등 글로벌 주식시장에서 시가총액이 가장 큰 네 개의 기업이 3차 산업혁명 시기에 생겨난 기업일 정도로 산업계의 요동도 엄청났다. 다행히 3차 산업혁명 시대에는 대한민국이 가장 큰 수혜자가 되었다. 정보통신의 중요성을 깨달은 우리나라는 1994년 체신부를 정보통신부로 개편했으며, 특히 IMF의 돌파구를 정보통신기술에서 찾았다. 우리나라의 대표적인 기업 삼성전자(1969년 설립), SK하이닉스, SK텔레콤, 네이버, 카카오 등이 3차 산업혁명 시대에 생겨나서 급성장했다.

1998년부터 시작된 벤처붐은 젊은이들의 도전정신에 불을 붙였고, 네이버뿐 아니라 수많은 벤처기업들이 만들어져 새로운 기술과 서비스 개발을 경주했다. 필자도 1999년 ㈜젠터닷컴이라는 양방향TV업체를 창업하여 많은 서비스와 기술을 개발한 바 있다. 물론 그 중 많은 회사는 폐업을 하였고, 그로 인해 어려움을 겪은 창업주들도 많이 있었지만 그 때의 도전정신으로 우리나라는 정보통신분야에 있어 세계에서 가장 앞선 기술을 가지게 되었을 뿐 아니라 가장 빠른 인터넷 속도, 가장 높은 인터넷 보급률 등 새로운 역사를 만들어 왔다.

3.

4차 산업혁명은 또 뭔가요

3차 산업혁명이 시작된 지 50년도 채 되지 않은 2015년 클라우스 슈밥은 제4차 산업혁명 시대의 도래를 이야기하였고, 2016년 열린 다보스 포럼에서 본격적으로 4차 산업혁명 시대라는 말을 사용하기 시작했다. 슈밥은 리프킨이 말한 3차 산업혁명을 3차와 4차로 나누어 설명하고 있다. 그렇다면 4차 산업혁명, 또는 4차 산업혁명 시대는 또 무엇일까?

그런데 4차 산업혁명 시대라는 말이 널리 사용되기 시작한 나라는 우리나라였다. 초창기에는 독일에서 시작된 제조분야의 혁신을 일컫는 인더스트리4.0(필자가 운영하는 연구소4.0의 이름도 여기에서 기인했다: 저자 註)을 가리키는 말이었다. 그러나 용어가 점차 보편화되면서 이제 4차 산업혁명 시대는 제조업을 넘어 '과학기술에 기반한 디지털 혁명' 또는 '현실세계-사이버세계(컴퓨터 속에서 구현되는 세계: 저자 註) 연결 확장' 관점에서 논의되고 있다. 오늘날 정보통신, 유전자, 나노(10억분의 1을 가리키는 말로 분자 단위의 극히 작은 물질을 가리킴: 저자 註), 에너지, 로봇, 우주공학 등 다양한 분야에서의 혁신적인 기술을 융합하고, 물리학과 디지털, 생물학 분야가 상호

교류, 발전하면서 과거에는 볼 수 없었던 새로운 제품과 서비스가 하루가 멀다 하고 등장하고 있다.

● 4차 산업 시대는 잘못된 표현

본격적인 설명에 들어가기 전에 어떤 이들은 '4차 산업 시대'라고 말하기도 한다. 그러나 1차 산업, 2차 산업이란 말은 산업을 분류할 때 사용하는 말이다. 즉 농축산업, 어업, 임업, 광업 등 원재료를 생산하거나 채취하는 1차 산업, 제조업, 토목건축업 등 1차 산업의 결과물로 제품을 만드는 2차 산업, 이를 유통하고, 서비스하는 3차 산업, 그리고 정보, 연구개발, 언론방송 등을 4차 산업으로 분류한다. 당연히 이러한 산업은 동시대에 함께 존재한다.

어떤 나라나 지역이 특정 산업에 많이 몰려있을 수 있고, 국가의 발전단계에 따라 산업의 비중이 달라질 수도 있지만 4차 산업만으로 이루어진 사회는 존재할 수 없는 만큼, 4차 산업 시대라고 말하는 것은 잘못된 표현이다.

● 지금은 바야흐로 4차 산업혁명 시대

다시 4차 산업혁명으로 돌아가 보자. 과거 3차 산업혁명 시대는 PC, 노트북, 서버 등 컴퓨터와 이들을 연결하는 인터넷 통신으로 구성되었지만, 4차 산업혁명 시대에는 컴퓨터의 기능이 스마트폰은 물론이고, 자동차, 비행기, 제조기기, 로봇, 드론, 가전제품 등으로 결합되기 시작하며, 심지어 인체에도 컴퓨터의 일부기능이 내장되기도 한다. 무어의 법칙(새로이 개발되는 메모리 칩의 능력은 18~24개월에 약 2배가 된다는 기술 개발 속도에 관한 법칙: 저자 註)으로 설명되는 컴퓨터 성능의 기하급수적인 개선과 인공지능이 발달하면서 만들어진 초지능 시대, 3G, 4G, 5G로 업그레이드 되면서 통신속도가 증가하고, 다양한 근거리 통신기술이 개발되면서 모든 컴퓨터들이 항상 연결되는 초연결 시대, 나노기술, 바이오기술의 발달로 다양한 신물질이 개발되면서 열린 초물질 시대, 그리고 갖가지 가상현실기술이 개발되면서 초실감 시대가 구현되는 이 시대를 4차 산업혁명 시대라고 말한다.

자율주행, 로봇, 드론, 인공지능, 빅데이터, 클라우드, 사물인터넷, 블록체인, 3D 프린터, 가상현실, 증강현실 등 SF 소설이나 영화에나 나왔던 제품과 서비스가 속속 상용화되고 있으며, 이러한 제품과 서비스는 기존의 산업구조를 또 한 번 송두리째 바꾸고 있다.

갖가지 센서들이 사람이 인지하기 힘들었던 영상과 음향, 온도, 무게, 위치, 화학적 성분(액체, 고체, 기체), 전자기, 자세 등의 변화를 정밀하게 파악하고, 이를 인공지능이 내장된 엄청난 성능의 컴퓨터로 순식간에 분석하고 대응방안을 결정한 후 연결된 장치를 통하여 신속히 반응함으로써 사람이 상황을 인지하고 대응하는 것보다 훨씬 빠르고, 정확하며, 지혜롭게 문제를 해결하고 있다. 자율주행자동차가 사람보다 사고율이 적다, 인공지능이 엑스레이 영상을 더 잘 해석한다, 인공지능이 장착된 무인 전투기와 사람이 조정하는 전투기와의 대결에서 무인전투기가 완승했다, 체스에서, 바둑에서, 퀴즈게임에서, 스타크래프트에서 사람이 인공지능에게 완패했다 라는 소식은 이제 뉴스도 되지 않는다.

● 4차 산업혁명 시대가 가져오는 변화

4차 산업혁명 시대가 가져오는 변화는 실로 어마어마하다. 기존에는 상상도 할 수 없었던 재화의 비용이 0이 되는 한계비용 제로사회(Marginal Cost Zero, 제러미 리프킨이 동명의 책에서 소개한 개념: 저자 註)가 열리고 있으며, 소유 대신 공유로 소비의 행태가 바뀌는 등 경제시스템에 엄청난 변화가 오고 있다. 온라인 네트워크와 온라인 작업의 중요성이 강조되고 있으며, 인공지능과 로봇, 자율주행 자동차와 드론 등의 영향으로 과거 공장 자동화 시대와는 비교할 수 없는 고용감소가 일어나고 있다.

이제 4차 산업혁명 시대는 많은 사람에게 편리함과 희망을 주기보다 오히려 절망과 불안으로 다가오는 것이 사실이다. 인공지능, 빅데이터, IOT, OTO, 블록체인, 자율주행, 로봇, 나노기술, 합성생물학, 유전자 편집, 3D 프린팅, 플랫폼, 기계학습, STEM, 플립 러닝, 핀테크 등 이해하기도 힘든 용어들이 난무하고 있다. 도대체 우리의 미래, 그리고 우리 자녀가 살아갈 미래는 어떻게 바뀌는 것인가? 과연 우리와 우리 자녀는 4차 산업혁명 시대를 제대로 준비하고 있는 것일까?

● 시대를 무시하다가는 한방에 간다

　4차 산업혁명은 실체가 없는 것이며, 3차 산업혁명을 억지로 구분하는 말장난이라고 주장하는 이들도 많다. 그러나 초지능, 초연결, 초물질, 초실감이 구현되는 시대에 대해 조금만 고찰해 본다면 과거 컴퓨터와 인터넷으로 구성된 시대와는 판이하게 다른 새로운 시대가 열리고 있다는 것을 이해할 수 있을 것이다. 만약 끝까지 그 차이를 이해하지 못하고 과거의 방식대로 업무를 진행하고, 과거의 방식대로 공부를 하고, 과거의 방식으로 미래를 준비하다가는 결과가 뻔하다. 훅 간다.

　과거의 성공이 미래의 실패로 이어지는 것은 역사의 묘미다. 그러나 그러한 역사가 대한민국에서 일어나고 있는 것 같아서 안타깝다. 3차 산업혁명 시대에 톡톡히 재미를 본 대한민국이 바야흐로 닥쳐온 4차 산업혁명 시대에는 전혀 힘을 못 쓰고 있다. 앞이 보이지 않는다.

　마누라와 자식 뿐 아니라 모두가 다 바꿔야 한다.

4.

4차 산업혁명 시대의 대한민국, 캄캄합니다

대한민국은 참으로 대단한 나라다. 우리나라의 대단한 기록들을 살펴보면 이렇게 대단한 나라가 반만년 동안 역사의 무대에서 주도적인 역할을 하지 못한 것은 아이러니라는 생각마저 든다.

●대단히 탁월한 대한민국

아이큐 분석 사이트 '브레인스태츠'에 의하면 우리나라 국민의 평균 IQ는 홍콩, 싱가포르에 이은 3위다. 홍콩과 싱가포르는 도시국가이며, 도시가 경쟁력이 뛰어난 사람들이 모이는 곳인 것을 감안하여 도시국가를 제외하면 우리나라 국민의 IQ가 세계에서 제일 높다.

세계에서 가장 뛰어난 두뇌를 가진 민족일 뿐 아니라 가장 공부를 많이 하는 나라 역시 대한민국이다. 우리나라의 대학 진학률, 초중고학생들의 공부시간, 사교육비 등은 단연 세계 최고다. 뭔가 대단한 일을 저지를 민족임에 틀림 없다.

실제로 2018년 수출규모에서 대한민국은 전 세계 209개 국가 중 중국, 미국, 독일, 일본, 네덜란드에 이어 무려 6위를 기록했다. 국가의 규모나 뒤늦은 산업화의 시기를 생각하면 이러한 순위는 가히 기적이다.

인터넷 속도 측정사이트 '우클라'에 따르면 2019년 5월 기준 한국 모바일 평균 다운로드 속도는 조사대상 140개 국가 중 1위를 차지했다. 이는 한국이 세계 최초로 5G를 상용화한 효과로 보인다. 이 외에도 한국의 초고속 인터넷 속도, 인터넷 보급률, 스마트폰 보급률 또한 항상 세계 최고 수준이다.

● 그러나 앞이 캄캄한 대한민국

이런 기록들만 보면 우리나라의 현재뿐만 아니라 미래 역시 아주 찬란한 태양빛이 비추는 것 같다. 그러나 4차 산업혁명 시대를 내다볼 수 있는 미래 경쟁력은 우울하다 못해 캄캄하기만 하다.

2017년 7월 무역협회 국제무역연구원이 발표한 4차 산업혁명 경쟁력 순위에서 우리나라는 세계 주요국 가운데 19위에 그쳤다. 싱가포르, 핀란드, 미국, 네덜란드가 1~4위, 독일과 일본은 각각 13, 15등이었다.

2018년 10월 전술한 국제무역연구원이 발표한 한국의 기업혁신 역량은 31위였다. 국가가 마치 하나의 기업처럼 기민하게 움직이는 이스라엘이 1위, 미국, 스위스, 스웨덴이 각각 2~4위를 차지했다.

2019년 5월 스위스 국제경영개발대학원(IMD)에서 발표한 국가경쟁력 평가순위에 의하면, 한국은 63개 국가 중 28위를 기록했다. 싱가포르, 홍콩, 미국, 스위스가 1~4위를 기록했다.

세부 산업별로 살펴본 경쟁력 또한 세계 6위 수출국의 위상과는 전혀 걸맞지 않는 모습을 보인다. 2018년 3월 KOTRA(대한무역투자진흥공사)가 우리나라의 4차 산업혁명 관련 신산업 해외 경쟁력 설문조사 결과를 발표했는데 로봇, 드론, 전기차, 자율주행자동차, 스마트 선박 등 총 12개 산업분야에서 한국이 1위를 한 분야는 하나도 없었다.

2018년 10월 특허청의 국회 제출자료에 의하면 특허 활용도, 영향력 등으로 평가한 한국의 4차 산업혁명 주요 기술 경쟁력은 미국, 일본, 유럽의 절반 수준에 불과했다. 미국을 100으로 보았을 때 인공지능 65.1%, 로봇 62.7%, 3D 프린터 33.7%, 빅데이터/클라우드 60.2%를 기록했다.

4차 산업혁명 시대를 준비하는 대한민국의 현실은 어둡다. 인공지능, 로봇, 드론, 자율주행자동차, 전기자동차, 빅데이터, 클라우드, 3D 프린터, 유전자 분석, 뇌연구 등 4차 산업혁명 시대의 주요 산업군에서의 대한민국의 존재감은 미미하다.

● 혁신을 외면하는 대한민국의 인재

많은 진단과 대책이 쏟아지고 있지만 문제는 점점 더 꼬여가고 있다. 이과 수능 고득점자들의 거의 대부분이 의대로 진학하는 현실은 대한민국이 4차 산업혁명을 이끌어갈 인재를 확보하는데 실패하고 있다는 것을 의미한다. 알파고를 만든 데미스 허사비스, 애플을 만든 스티브 잡스, 아마존을 만든 제프 베조스, 페이스북을 만든 마크 저커버그 등은 천재였을 뿐 아니라 도전적이었으며, 목표를 위해 모든 것을 집중하는 일벌레였다. 우리나라에서는 수학 올림피아드에서 일등한 친구도, 물리 올림피아드, 화학 올림피아드에서 일등한 친구도 모조리 의대로 간다. 최고의 두뇌가 이공계로 가지 않고 있다. 설혹 점수가 몇 점 모자라 이공계로 왔던 친구들도 다시 재수를 하거나 공무원이 되기 위한 공시생의 대열로, 안전한 대기업 입사시험 준비로 빠져 버린다. 모든 젊은이가 안전한 길을 추구하는 나라는 혁신에 성공할 수 없다.

우리나라의 가장 큰 문제는 미래를 열어가야 하는 일에 인재가 몰려들지 않는다는 것이다. 소프트뱅크의 사장이자 일본 최고의 부자인 손정의가 2019년 7월 4일 문재인 대통령을 만나 "대한민국의 발전방향은 첫째도 인공지능, 둘째도 인공지능, 셋째도 인공지능"이라고 말했다. 그러자 문재인 대통령은 "대한민국이 인공지능 분야에서 늦게 출발했지만 이미 만들어진 개념을 사업화시키는 데는 단연 앞서 간다"도 대답했다. 정보통신기술을 전혀 이해하지 못하는 무지한 발언이 아닐 수 없다.

인공지능은 빅데이터를 통한 학습이 중요한데, 현재 구글과 애플, 아마존이 쌓은 방대한 빅데이터와 우리나라 인터넷 업체들이 쌓은 데이터의 양은 비교할 수 없이 적어 개념을 받아들이더라도 사업화에서 미국을 이길 수 없다. 또한 의대와 공무원, 대기업으로 인재를 다 빼앗긴 대한민국의 스타트업이 주 52시간 근무를 하면서 최고의 천재들이 수천억 원 잭팟의 꿈을 꾸며 불철주야 노력하는 외국의 스타트업과 경쟁이 될 리 만무하다.

● 해외의 인재도 기피하는 대한민국

우리나라에 인재가 부족하면 해외의 인재라도 모셔와야 하는데, 우리나라 정부에서 공표하는 "소프트웨어 기술자 노임단가" 수준의 대우를 받고 먼 나라 대한민국으로 들어올 소프트웨어 천재는 전혀 없다. 뿐만 아니라 기업의 혁신에 훈수를 두는 정부, 기업과 개인의 혁신적인 마인드가 온갖 규제로 제한받는 이런 나라에 외국의 인재들이 새로운 사업모델을 들고 들어오지도 않을 것이다. 기껏 어렵게 모셔온 석학들도 숨 막히는 대학, 연구소, 기업의 문화를 견디지 못하고 얼마 못가 우리나라를 떠나는 것이 현실이다.

어느 산업이 중요하고, 우리나라의 경쟁력이 떨어진다고 하면 정부나 정치권이 보이는 행태는 도식적이다. 위원회를 만든다, 규제를 철폐해야 하고, 진흥정책을 펴야 한다고 한다. 그러나 규제는 하나도 철폐되지 않고, 덜렁 진흥법만 만든다. 진흥원을 만들고, 예산을 배정한다. 그리고 환상적인 미래 비전과 목표를 발표한다. 그러나 비전과 목표는 선언에 그칠 뿐이다.

도전적이고 창의적인 인재가 중요하다고 해도 한국의 학교는 점수를 위한 학생만 만들고 있고, 이공계가 중요하다고 아무리 주장을 해도 우수한 인재는 이공계를 기피하며, 해외의 인재에 대해서도 문을 닫고 있다. 기득권층과 진보진영이 만들어낸 온갖 규제가 상상력을 얽어매고 있으며, 대통령이 세계 초일류 삼성전자를 방문하여 비메모리 연구의 중요성을 훈수 두는 희극이 펼쳐지는 이 나라의 미래가 밝을 수 없다.

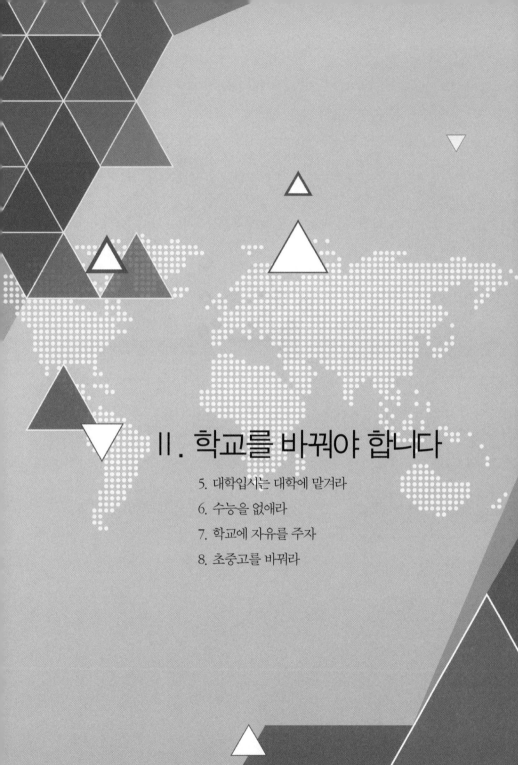

II. 학교를 바꿔야 합니다

II.
학교를 바꿔야 합니다

5.

대학입시는 대학에 맡겨라

4차 산업혁명 시대에는 뛰어난 인재들이 기초과학분야와 공학계열로 많이 몰려 들어와야 한다. 물론 인문학의 중요성도 간과할 수 없지만 기본적으로 수학, 물리 등 기초과학이 튼튼해야 4차 산업혁명 시대에 제대로 대응할 수 있다. 그러나 우리나라의 인재들은 이공계를 기피하고 있어 국가적으로 심각한 문제다.

● 수학, 과학 실력이 없는 우리나라

학생들이 이공계를 기피하는 이유를 단도직입적으로 말하면 이공계 과목의 실력이 없기 때문이다. 이 말을 들으면 다들 의아해 한다. 우리나라의 수학, 물리 실력이 세계적이지 않느냐고? 결코 아니다. 그저 점수따기 공부를 했고, 경시대회 수상을 위한 훈련을 했을 뿐이다. 그리고 우수한 성적을 거둔 학생은 죄다 의대로 간다.

수능 만점자가 수학을 만점 받았지만 5분 만에 정답을 구하는 공식을 이용하지 않고, 한 시간씩 고민해서 문제를 풀고, 수학에 심취해 대학수학 등 고교수준을 뛰어넘는 공부에 정신이 팔려 보았을까? 그런 학생은 수능 만점을 맞을 수 없다. 물리를 좋아해서 대학물리책을 탐독하고, 양자역학을 공부하는 고등학생이 있을까? 지구과학을 만점 받았지만 밤하늘의 별자리에 푹 빠진 경험이 있을까? 생물 만점을 받은 학생이 곤충, 새, 꽃 이름을 얼마나 알까? 수능만점을 받았지만 수학도, 물리도, 화학도, 생물도 그렇게 좋아하지 않고, 푹 빠지지 못한 친구들이다.

한 분야에 푹 빠졌던 친구도 있다. 그러나 그런 친구는 평균점수가 낮아 중고등학교 때 이미 하위권으로 쳐졌고, 낙오했을 가능성이 높다.

짧은 동화를 하나 소개한다.

오리는 수영과목에서 눈부신 실력을 발휘했다. 사실 가르치는 교사보다 오리가 훨씬 뛰어났다. 그러나 오리는 날기과목에서는 겨우 낙제점을 면했으며, 달리기과목은 더 형편없었다. 오리는 달리기 연습을 위해서 어쩔 수 없이 수영을 포기했고 그로 인해 물갈퀴마저 퇴화해 버렸다. 결국은 수영마저도 평균점수밖에 얻지 못했다.

학교에서는 전 과목 평균점수만 중요하게 생각했다. 그건 다른 동물들도 마찬가지였다. 토끼, 다람쥐, 독수리, 수달…….

이것이 우리나라 교육이다. 평균점수만 고집하는 교육이 제대로 된 실력을 가진 인재를 기르지 못하고 있는 것이다.

정말 수학을 좋아하고, 물리를 좋아해서, 그리고 기계 다루는 것을 좋아해서 이공계를 간 것이 아니라 점수에 맞춰서 갔으니 공부에 흥미를 가지기 쉽지 않고, 탁월한 성과를 내는 졸업생이 되기 힘들다. 그러니 학문의 길을 계속 가는 사람도 적고, 취직도 잘 되지 않으며, 취직을 해도 조직에서 크게 환영받지 못한다. 결국 "수학과, 물리학과는 전망이 어두워."라고 말한다. 그러나 절대 사실이 아니다.

● 대한민국의 노벨과학상 수상자는 0

노벨상은 모두 6가지 종류가 있는데, 그 중 물리학상, 화학상, 생리의학상을 노벨과학상이라고 한다. 역대 노벨과학상 수상자를 보면 미국 268, 영국 88, 독일 72, 프랑스 34, 일본 25명이다. 우리나라는 한 명도 없다. 개인의 기초과학 수준이 현격히 떨어지는데, 돈을 쏟아 붓는다고, 단기간 연구개발에 집중한다고 선진국의 역량을 따라갈 수 없다.

천재를 키워야 한다. 다른 과목은 못해도 수학은 천재, 다른 과목은 못해도 물리 천재, 화학 천재, 생물 천재를 길러야 하고, 물리 중에서도 기초역학 천재, 양자역학 천재, 전자기학 천재, 음향학 천재를, 화학 중에서도 금속화학, 유기화학, 고분자화학 천재를, 생물 중에서도 곤충, 식물, 새 천재를 길러야 한다. 중국의 투유유란 85세의 할머니는 평생 개똥쑥을 연구해서 2015년 노벨생리의학상을 수상했다.

개인적인 이야기지만 큰 아들은 물리를 좋아해서 물리학과를 갔고, 의료물리학과 석박사과정에 진학하여 MRI로 찍은 뇌영상을 인공지능으로 진단하는 연구를 하는 중이며, 막내아들은 수학을 좋아해서 수학과로 간 후 컴퓨터공학과로 전과를 해서 인공지능을 공부하고 있다. 4차 산업혁명 시대에는 기초과학에 두각을 드러내면 할 일이 너무 많다.

사실 인공지능, 빅데이터는 코딩 실력만으로 할 수 있는 분야가 아니다. 엄청나게 복잡한 알고리즘을 이해하고, 새로운 알고리즘을 만들 수 있어야 하는데, 고등학교 수학실력으로는 어림도 없다. 고등물리, 고등수학에 능통한 사람이 코딩을 배워야 한다. 한국의 인공지능, 빅데이터, 드론, 로봇 등의 미래를 어둡게 보는 이들이 공통적으로 "수학, 물리 실력이 너무 떨어진다."고 한탄한다.

● 천재를 키우려면 교수가 학생 선발권을 가져야 한다

그러면 어떻게 해야 기초과학 분야의 천재를 키울 수 있을까?

대학의 선발과정을 바꿔야 한다. 늘 개미집을 뒤지고 개미를 기르며, 개미 이야기만 나오면 눈에서 빛을 반짝이는 학생이 곤충학과에 들어갈 수 있어야 한다. 다른 성적은 바닥이고, 대단한 수상실력이 없더라도 학생의 재능만을 보고 그를 명문대 곤충학과에서 뽑을 수 있어야 한다. 초중학교 때 수학에 빠져 어려운 고등수학에 심취했던 학생이 수학과에 들어갈 수 있어야 하고, 다른 공부를 팽개치고, 코딩에만 빠져 게임을 개발하던 친구가 컴퓨터공학과에 입학해야 한다. 페이스북을 만든 저커버그는 고등학교 때 뮤직 플레이어를 개발하여 마이크로소프트, AOL에서 소프트웨어를 팔고 입사하라고 했지만 하버드대학에 들어갔다. 이번에 영국 50파운드 지폐의 모델이 된 수학자 앨런튜링도 중고등학교 때 수학에는 탁월한 재능을 보이고, 다른 성적은 별로였지만 영국 최고의 캠브리지 대학에 들어가 그의 천재성을 마음껏 발휘할 수 있었다.

교수가 학생의 선발권을 가져야 한다. 제대로 된 교수라면 과거의 이력과 얼마간의 인터뷰로 학생이 정말 좋아하는 것이 무엇인지, 잠재력이 얼마인지를 충분히 파악할 수 있다. 자기가 가르칠 제자를 자기가 선발하지 못하는 현재의 시스템은 공정할는지는 모르나 천재가 통과할 재간이 없다. 아인슈타인이, 뉴턴이, 퀴리 부인이 서울대 물리학과에 들어간다는 것은 불가능하다.

● 그래도 교수를 믿자

교수를 어떻게 믿을 수 있냐고 따지는 소리가 들린다. 부정행위를 하는 교수가 있을 수 있다. 그러나 제대로 된 교수라면 천재인 제자를 가르치고 싶을 것이며, 그런 교수가 장기적으로 탁월한 제자를 많이 배출한 존경받는 교수가 될 것이다. 반면 금전적인 이익에 눈이 멀고, 지인의 청탁을 과감히 거절하지 못해 문제 있는 제자를 선발한 교수는 실력 없는 교수로 낙오하게 된다.

교육부가 미주알고주알 선발과정에 개입하고, 정치권이 공정성을 주장하며 교육제도에 왈가왈부하지 않아야 하며, 4차 산업혁명에 무지한 대통령이 수능을 확대해야 하느니 하는 말을 해서는 안된다. 교수가 원하는 학생을 뽑을 수 있다면 각종 편법을 동원하여 만들어진 학생부는 무용지물이 된다. 천재인 척 꾸밀 수는 없는 법이니까. 학생은 자신의 천재성을 마음껏 키울 수 있으며, 자신을 알아주는 교수를 만나 천재성을 발휘할 수 있을 것이다.

대학입시를 비롯한 모든 대학교육은 대학에 맡겨라, 제발.

6

수능을 없애라

수능점수가 발표되면 언론과 방송에서는 수능만점자 취재에 바쁘다. 그러나 자세히 보면 어느 고등학교 출신인지, 특히 복수의 수능만점자를 배출한 고등학교가 부각되는 경우가 많다. 그러나 거기에서 취재는 끝이 난다. 수능만점자들이 어떻게 공부했는지, 그들의 장래희망은 무엇인지에 대해서는 별 관심이 없다. 어떻게 만점을 맡게 되었는지, 장래희망은 무엇인지 다들 알기 때문이다.

● 수능 만점자의 전공이 궁금하지 않다

오늘날 수능 만점자의 공부비법은 보고, 또 보고, 풀고 또 푸는 것이기 때문에 기삿거리가 되지 못한다. 2015년 11월 KBS1에서 방영된 〈명견만리〉에서 수능 만점자들과 대담한 내용이 나오는데, 이들의 만점 비결은 하나 같이 반복해서 문제를 푼 것이었다. 수능 만점자들의 장래희망 또한 뉴스가 되지 못한다. 이과생 수능 만점자의 장래희망은 하나 같이 의사고, 문과생의 경우 고시를 통해 공무원이 되는 것이기 때문이다.

가만히 생각해 보면 필자가 대학을 갔던 1980년대, 그리고 그 이전에 있었던 입시철의 취재내용은 많이 달랐다. 그 때는 학력고사 수석 내지 서울대 본고사 수석을 한 사람의 입지전적인 삶이 부각되기도 했고, 형설지공의 어려운 과정이 소개되기도 했다. 그리고 무엇보다 수석을 한 학생들의 장래희망은 자라나는 어린이들의 귀감이 되었다. 그 당시 문과 수석을 한 학생들은 "법관이 되어 가난하고 소외된 사람을 돕겠습니다"라는 희망을 자주 이야기했고, 이과 수석을 한 학생들은 많은 경우 물리학과나 전자공학과(물론 시대에 따라 공대의 인기학과는 변했지만)를 선택했던 것으로 기억한다. 내가 기억나는 장래희망 중 하나는 "이휘소 박사와 같은 물리학자가 되어 노벨상을 따고 싶습니다."라는 것이었다.

●대다수의 학생을 열등생을 만드는 교육

4차 산업혁명 시대는 천재를 필요로 하지만 수능은 천재를 만들지 못한다. 오히려 천재의 등장을 가로 막고 있다.

수능의 또다른 큰 문제는 대다수 학생을 열등생으로 만든다는 것이다. 수능점수로 순서를 매기다보니 특정분야에 탁월한 학생들도 낮은 점수를 보이는 과목 때문에 주눅이 들고 만다. 특별한 분야에서 탁월한 재능을 가진 학생이 자신이 못하는 과목 때문에 학교에 흥미가 없게 만드는 것은 문제가 있다. 수학을 못하는 학생이 학교에서 기가 죽어 다녀야 하며, 평균점수가 떨어지는 학생이 학교에 흥미를 가지지 못하고, 학교 밖을 배회하게 만드는 현실은 고쳐야 한다.

모든 과목을 잘할 필요도 없고, 수능점수가 낮다고 해서 사회에서 쓸모 없지 않다. 학생이 잘하는 분야를 찾고, 칭찬함으로써 수능 만점자보다 탁월한 인재를 만들 수 있다. BTS, 류현진, 손흥민, 이강인, 봉준호 등 대한민국의 이름을 높이고 있는 스타들은 수능 만점자가 아니다.

●학교 교육 붕괴의 원인은 수능

입시과정을 믿지 못한다는 한 가지 이유로 천재도 만들지 못하고, 열등생만 양산하는 수능을 고집하다가는 천재의 각축장인 4차 산업혁명 시대에 대한민국은 과학계에서 산업계에서 사라지게 될 뿐 아니라 다수의 학교 부적응자를 양산함으로써 심각한 사회문제를 안게될 것이다. 학생들의 공부 스트레스가 세계에서 제일 높은 나라, 학생들의 공부 만족도가 세계에서 제일 떨어지는 나라가 된 원인은 바로 수능이다.

'수능도 공정하지 못하다'라는 주장도 있지만 여기서는 다루지 않겠다. 수능은 공정하다고 치자. 그러나 공정함 외에 어떤 교육적 효과가 있는지 묻고 싶다. 물론 입시열풍으로 인해 평균적인 지식의 향상이 효과라면 효과일 수 있겠으나 점수따기를 위한 공부는 효과적이지도 않을뿐더러 그러한 우등생은 로봇과 인공지능이 보편화되는 4차 산업혁명 시대에는 쓸모가 없는 존재가 될 가능성이 높다.

학생들이 자신의 재능을 발견하고, 재능을 키울 수 있는 멘토를 만나고, 함께 협력할 수 있는 동료를 만나 더 큰 꿈을 키워나가는 곳이 학교가 되어야 한다면 수능은 폐지 내지 대폭 축소되어야 한다. 대신 학생들이 원하는 과목을 선택하여 공부할 수 있고, 원하는 수준의 공부를 할 수 있도록 해야 한다. 또한 특정과목에 탁월함을 보이는 학생들은 대학수준의 과목도 들을 수 있도록 해야 한다. 수능점수가 목적이 아니라 자신의 꿈을 위해 공부할 수 있는 학교가 되어야 한다.

● 학생들의 수준에 맞는 수업

성적이 뛰어난 학생이라면 자유롭게 월반을 할 수도 있고, 특정과목에 뛰어난 학생은 상급반 과목을 들을 수 있도록 해야 한다. 반대로 동급생에 비해 열등한 학생은 낙제할 수도, 아래 학년의 과목을 들을 수도 있다.

미국 고등학교에는 AP(Advanced Placement, 대학과목 선이수제: 저자 註)라는 제도가 있다. 특정 과목에 뛰어난 학생들이 대학과정을 고등학교 때 들을 수 있도록 하는 것인데, 수학에 뛰어난 학생들이 고등학교 수학공식을 계속 되풀이하여 외우는 것이 아니라 대학의 미적분학을 들을 수 있도록 하고, 경제학에 관심 있는 학생이 미시경제, 거시경제를 공부할 수 있도록 함으로써 학문적인 호기심을 충족시킬 뿐 아니라 대학을 조기에 졸업하도록 하여 그들의 역량을 보다 빠르게 발휘할 수 있도록 하는 것이다.

이것이 가능하려면 수능이 없어져야 한다. 수능점수를 올리기 위해 수능과목에만 목을 매는 현재의 입시제도는 사라져야 하는 것이다. 관심도 없는 많은 과목을 억지로 공부해야 하고, 천재성을 지닌 학생을 고등학교 교과과정에 묶어두는 현재의 제도는 마땅히 중단되어야 한다. 주어진 시간에 얼마나 많은 문제를 정확히 푸는 능력(ability)을 평가하는 것이 아니라 고등학문을 공부할 수 있는 역량(capability)을 평가하는 최소한의 시험만 치르도록 하고, 고등학교에서 들었던 과목과 학생의 관심도와 재능을 평가하여 대학에서 원하는 학생을 선발할 수 있도록 해야 한다.

●공정함을 원하면 뺑뺑이를 돌려라

공정함에 죽어가는 천재와 학교생활 부적응자를 살려야 한다. 정말 기회가 균등하고, 공정한 제도, 그리고 비용도 적게 드는 입시제도를 원하는가? 그렇다면 차라리 모든 학생에게 같은 기회가 주어지는 추첨이 낫다. 아니 추첨이 맞다. 386 시대에 중학교, 고등학교를 선택할 때 사용했던 뺑뺑이가 맞다.

그러나 수능은 아니다.

7.

학교에 자유를 주자

학교가 신음하고 있다. 학생들이 학교생활에 만족하지 못하는 것은 말할 것도 없고, 부모들 또한 학교를 불신하여 사교육으로, 대안학교로, 유학으로 각자도생하는 일이 빈번하다. 교사 또한 불만족스럽기는 마찬가지다. 과도한 업무에 시달리고 있으며, 학생들로부터 존경받지 못하고, 학부모의 의심의 눈초리 속에서 교사로서의 자부심이 바닥에 떨어진 지 오래다. 이처럼 엉망이 된 학교의 상황에는 또한 수많은 규제들이 문제를 더 복잡하게 만들고 있다. 학교와 관련된 규제철폐에 대한 필자의 생각을 정리해 본다.

규제에 관한 이야기는 이 책 16장, 국회의 혁신을 이야기할 때 본격적으로 하겠지만 여기서는 교육현장과 관련한 규제만을 이야기하도록 하겠다. 그런데 알고 보면 규제를 만드는 곳은 정부만이 아니다. 교사가 만드는 규제, 학부모가 만드는 규제가 있다. 모든 규제들이 학교의 경쟁력을 떨어뜨리고, 학교에 대한 만족도를 떨어뜨리고 있음은 물론이다.

물론 필자는 교육전문가가 아니다. 피상적일 수도 있고, 사실과 다소 동떨어진 이야기를 할 수도 있겠지만 학교교육의 근본적인 변화를 원하는 충심을 읽어주길 부탁드린다.

●특목고 폐지정책

사람은 참 다양하다. 좋아하고 잘하는 분야가 각기 다를 뿐 아니라 자유에 대한 반응, 위험을 수용하는 자세 등도 다르다. 엄격한 규율을 더 즐기는 학생이 있는가 하면 일체의 간섭을 싫어하는 학생도 있고, 위험한 일에 도전하기를 즐기는 학생이 있는가 하면 위험한 일이라면 질색하는 학생도 있다.

자유를 강조하는 미국에서도 엄격한 규율을 강제하는 군사학교(Military High school)도 있고, 군사교육을 교과에 포함시키는 학교도 있는 반면 학생에게 많은 자유를 허용하는 학교도 있다. 종교교육을 강조하는 학교, 예체능을 강조하는 학교, 엘리트 위주의 기숙사 학교, 치료목적의 기숙사 학교, 수학과학을 주로 가르치는 STEM(과학 Science, 기술 Technology, 공학 Engineering, 수학 Mathematics의 약자로 이과과목을 통칭하여 부르는 말: 저자 註) 고등학교 등 다양한 형태의 학교가 있어 그 선택의 폭을 넓혀주고 있어, 다양한 인재가 만들어지는 환경이 조성되어 있다고 할 수 있다.

정부에서는 과도한 입시열풍을 걱정하고, 공정한 교육을 시켜야 한다는 이유로 특목고를 폐지하려고 하고 있다. 그러나 분명한 것은 소수의 천재들에게는 그들의 천재성을 극대화시켜줄 수 있는 교사가 있는 전문학교가 필요하며, 특별한 재능을 집중적으로 키우고 싶어 하는 학생들에게는 또한 그들에게 맞는 환경이 제공되어야 한다. 무조건 비슷한 환경에서 같은 공부를 하도록 하는 것은 학생의 특수성을 배려하지 않는 정책일 뿐 아니라 사회의 다양성과 역동성에 부응하는 인재를 만들지 못한다는 문제를 가진다.

특목고 폐지정책은 마땅히 폐지되어야 한다. 오히려 보다 다양한 학교들이 학생들의 선택을 받고, 선택받지 않은 학교들은 새로운 아이디어로 학생들을 맞이할 수 있도록 끊임없이 변신할 수 있도록 조장해야 한다.

● 외부전문가의 강의 제한

우리나라에서 교사가 되려면 교육대학이나 사범대학 또는 교직과목을 이수해야 하거나 교육대학원을 나와 교원자격증을 따야 한다. 그리고 공립학교 교사가 되기 위해서는 바늘구멍 같은 임용고시를 통과해야 한다. 물론 실력뿐 아니라 인품을 겸비해야 하는 교사가 되기 위해 이렇게 어려운 과정을 통과해야 하는 것이 필요하다. 그러나 이러한 과정이 역량 있는 외부인이 학교로 들어오는 것을 방해하는 규제의 역할을 하기도 한다.

코딩교육의 중요성이 강조되지만 탁월한 프로그래머라고 해도 학교에서 교사로 학생들을 가르칠 수 없다. 적어도 3년 이상 공부를 해서 교원

자격증을 이수해야 비로소 학교에서 강의할 수 있기 때문에 그러한 수고를 거쳐 교사가 되려는 사람은 거의 없다. 그렇다고 초중고등학교가 대학교처럼 외부 강사에게 정규수업을 맡기지도 않기 때문에 전문가들이 교육에 투입되는 길은 전혀 없다고 봐도 된다. 기껏 방과 후 학교의 강사가 되는 정도다. 예체능이나 어학분야 역시 마찬가지다. (이 책은 4차 산업혁명에 관한 내용을 다루기 때문에 코딩교육으로 국한해서 설명하겠다.)

그렇기 때문에 학교에서는 코딩교육에 대한 필요성이 제기되면 기존 교사들 중에서 일부를 선발하여 얼마간의 보수교육을 실시한 후 코딩교육을 담당하게 한다. 이렇게 코딩교사가 된 모든 이들이 열정적으로 수업에 임한다면 우리나라의 코딩실력은 조만간 상당한 수준에 이를 수 있게 될 것이다. 그러나 어차피 학생들은 국영수를 위주로 한 주요과목에 많은 시간을 할애하고 있는 상황에서 학생들이 코딩의 재미를 느끼도록 하기 쉽지 않고, 코딩교육에 할당된 수업시간도 초등학교의 경우 5, 6학년 대상 연간 17시간으로 길지 않기 때문에 형식적으로 진행될 가능성이 높다. 강의에 소홀히 하더라도 코딩을 가르치는 교사에게 패널티를 줄 수 있는 방법도 딱히 없으니 불만족스러워도 그들에게 과목을 맡길 수밖에 없다.

정말 코딩에 재능을 가지고, 코딩을 통해 큰 성취를 이뤄본 사람들이 코딩교육에 참여할 수 있어야 한다. 그래서 교원자격증을 가진 사람에게만 제한적으로 열린 초중고 교육현장에 대학과 같은 강사제도를 과감하게 도입하여 전문가가 투입될 수 있는 여건을 만들어 주어야 한다. 특히 급변하는 시대에 신속하게 대처하려면 학교 밖에 있는 인재를 제대로 활용하는 것이 타이밍을 놓치지 않고, 효과적인 대응이 될 수 있을 것이다. 강의만족도 조사를 해서 실력 없고, 열정 없는 강사의 계약을 연장하지 않을 수 있으니 강의의 질도 높아지게 된다.

어학이나 예체능 분야에도 과감하게 전문가에게 문호를 넓힘으로써 학생들의 만족도를 높이고, 유능한 인재를 기르는 학교를 만들 수 있도록 해야 할 것이다.

● 과도한 케어를 규정한 교육

교사들이 제일 두려워하는 것은 사고다. 사소한 사고도 교사에게 책임을 묻고, 학교에 책임을 묻는다. 유치원, 어린이집에 작은 사고라도 나면 난리가 난다. 그래서 학생들의 안전을 규정한 각종 규제가 많다. 물론 안전에 관한한 신중해야 하겠지만 지나친 신중은 많은 무리한 규제를 양산하게 되고, 그러한 규제를 피하려다 보면 다소 위험한 프로그램은 기피할 수밖에 없다. 또한 사고가 발생했을 때 모든 책임을 학교나 교사에게 묻는 분위기가 되면 학교나 교사들은 움츠러들 수밖에 없다. 당연히 학생들은 위험한 일에 도전하지 않게 될 뿐 아니라 위험에 대처하는 법을 배우지 못하게 된다.

사실 사회는 많은 위험이 도사리고 있다. 또한 큰 성취의 과정에 많은 상처를 입을 수밖에 없다. 자그마한 신체의 상처, 마음의 상처를 두려워하여 도전을 기피하고, 도전의 과정에서 일어날 수 있는 상처에 과민하게 대응하는 것은 결코 바람직하지 못하다. 특히 학교에서 일어난 일에 부모가 과도하게 개입하는 것은 자녀 스스로 문제를 해결할 수 있는 능력을 가지지 못하게 만드는 결과가 된다.

학생들끼리 다툴 수도 있다. 때로 분을 이기지 못해 폭력이 일어날 수도 있다. 대부분의 경우 그러한 다툼은 당사자 간의 화해로 끝낼 수 있으며, 그렇게 하는 것이 가장 바람직하다. 그러나 사소한 일에도 부모가 학교로 뛰어 오고, 교사들과 전문가들이 모인 대책위원회가 소집되며 걸핏하면 고소고발로 이어지곤 한다. 이래서는 아이들이 스스로 문제를 해결하는 방법을 체득하지 못하게 되며, 억누르고 억누르다 폭발하게 되거나 반대로 우울증을 지니게 될 것이다. 교사들도 학생들의 일거수일투족에 과민하게 반응하고 대처해야 한다면 피로도도 증가할뿐더러 학생들과 원만한 관계를 만드는 데도 어려움을 겪을 것이다.

학교에서 일어나는 모든 문제에 대한 책임을 과도하게 학교와 교사에게 묻지 않고, 여유를 가지고 학생들 스스로 문제에 대처하고, 해결할 수 있도록 해야 한다. 《죽은 시인의 사회》의 키팅 선생과 같은 인물을 학교와 사회에서 용인할 수 있을 때 우리의 자녀들은 정말 탁월함을 보이는 인재로 자라날 수 있을 것이다. 물론 사고와 충돌을 조심해야 하지만 교사에 대한 과도한 책임추궁은 결코 바람직하지 않다.

●학교의 구조조정을 막는 제도

학령인구가 급감하고 있다. 신도시가 늘어나고 있기 때문에 과거 도심의 학교는 특히 학생수가 급격히 줄어든다. 4차 산업혁명 시대에는 굳이 대학교육의 필요성을 느끼지 않거나 MOOC(massive open online course, 인터넷으로 대학강의를 무상으로 제공하는 서비스: 저자 註)를 비롯한 인터넷 교육으로 대학수준의 강의를 들을 수 있는 방법이 많기 때문에 대학 진학률도 줄어들게 되니 대학생 숫자의 감소추세는 더욱 심해질 것이다.

당연히 대학과 초중고등학교의 운영이 어려워진다. 그렇다면 이에 맞게 대학과 초중고의 퇴출이 이루어져야 한다. 만약 국공립학교라면 국가나 지방정부에서 조정할 수 있지만 사립학교의 경우라면 문제가 복잡하다. 개인이나 단체가 재산을 투입하여 사립학교를 설립하면 사립학교법의 적용을 받게 되는데, 사립학교법이 학교재산의 처분 등에 대해 과도하게 규제하고 있기 때문이다.

물론 학생들을 보호하기 위함이란 법의 취지는 이해하지만 학교법인의 채무를 정리하거나 학교법인을 해산하고자 하는 모든 행위가 엄격히 제한받기 때문에 학교의 채무를 정리하기 위해 일부 자산을 매각하기 쉽지 않다. 뿐만 아니라 대학교를 매각할 때 학교법인이 아닌 곳으로 매각할 수도 없다. 학생이 줄어들어 학교를 매각하려고 하는데, 학교법인에만 매각할 수 있다면 어불성설이 아닐 수 없다. 결국 법인을 해산할 때까지 울며 겨자 먹기로 학교를 운영할 수밖에 없고, 결국 수준이 낮은 많은 학교들이 적기에 퇴출하지 못해 많은 문제를 야기하고 있다.

급격하게 줄어드는 학령인구를 생각할 때 학교의 구조조정을 쉽게 할 수 있도록 하는 적극적인 규제개혁이 필요하다. 나아가 구조조정을 하는 경우 재단측에 재무적인 유익을 제공함으로써 학교의 존속이 오히려 사회의 짐이 되는 문제를 선제적으로 해결할 수 있도록 유도하는 방안도 적극 고민해 보아야 할 것이다.

8.

초중고를 바꿔라

우리 학교의 문제는 한두 가지가 아니다. 너무 심각하다.

학교생활에 대한 만족도가 너무 낮을 뿐 아니라 학교생활에 적응하지 못해 학교를 떠나는 아이들이 날로 늘어나고 있다. 학교에서 미래에 대한 진로를 발견하지 못해 목적이 없는 공부를 하는 학생이 너무 많다. 소통력이 떨어지고, 문제해결능력이 떨어지는 학생들이 많다. 과도한 사교육으로 공교육이 제 기능을 못하고 있다. 학습을 포기한 학생들이 많다. 학부모가 교사를 신뢰하지 않고, 학생들이 교사를 존경하지 못해 교사의 직업만족도가 떨어진다, 등등등…

많은 교육 전문가들이 백방의 묘수를 내어놓지만 별 뾰족한 수가 없다. 출산율을 늘이기 위해 10년간 100조 넘는 예산을 투입했지만 계속 출산율이 떨어지는 만큼이나 어려운 문제로 보인다.

사실 필자도 교육에 비전문가지만 나름대로 교육에 소신을 가지고 자녀들을 길렀고, 이런 경험으로 책도 쓰고 적어도 100여 번의 세미나나 강좌를 통해 학부모들과 학생들에게 새로운 교육에 대해 소개하기도 했다. 특히 4차 산업혁명 시대에는 과거의 교육, 과거의 학교를 가지고서는 다가오는 미래를 해결할 수 없다.

전문가가 아닌 필자가 교육의 문제를 더 잘 알 수는 없지만 안타까움에서 몇 가지 제언을 해 본다. 제안을 하되 이 책의 제목처럼 다 바꾸는 파격적인 제안을 해본다. 작은 변화로 문제가 풀리지 않을 때는 아예 방향을 바꾸는 것이 나을 수도 있기 때문이다.

● 초중고가 함께 하는 학교를 만들자.

학생 수가 급감하기 때문에 많은 학교의 폐교를 피할 수 없다. 폐교까지는 아니더라도 한 학교에 학생 수가 너무 적기 때문에 학교시설의 효율적인 활용도 힘들고, 다양한 프로그램의 적용도 쉽지 않다. 이런 문제를 해결하기 위해 필자는 초중고 학생들이 함께 하는, 다시 말해 12년간의 학생들이 함께 다니는 학교를 제안한다. 다른 나라에는 초등학교 1학년부터 고등학교 3학년까지 하나의 학교에 다니는 경우가 많다. 물론 학생들의 발달상황에 따라 교실환경이나 부대시설의 구성도 달라야 하는 것은 당연하다.

이렇게 한다면 12년 차이가 나는 학생들이 동일한 울타리에서 식구처럼 지낼 수 있으며, 다양한 연령대가 함께 만드는 재미난 활동, 예를 들어 합동연극, 합창공연, 형제자매 맺기 등을 할 수도 있을 것이다. 동생들은

형 누나, 언니 오빠를 보며 배울 수 있고, 형 누나는 동생들을 보며 자신의 행동을 다잡을 수 있을 것이다. 아마 그 어렵다는 중2병도 동생들과 형들이 함께 한다면 크게 문제가 되지 않고 넘어갈 수도 있을 것이다. 시설을 공유함으로써 시설의 활용도가 높아지고, 먼 곳의 중학교나 고등학교를 가지 않고, 동네에 하나 있는 학교에서 초중고를 마칠 수 있게 될 것이다.

● 전면 선택수업을 제공하자.

학생들의 흥미가 떨어지는 수업, 학업을 따라가지 못하는 학생들이 너무 많다. 그러다보니 우울증에 빠지는 아이가 늘어나고, 아예 학교를 떠나는 학생들도 자꾸 늘어난다. 이러한 문제를 해결하기 위해서는 학생들이 원하는 수업, 자신의 수준에 맞는 수업을 선택할 수 있도록 전면 선택수업을 제공해야 한다.

교과서를 학년별로 구분하는 것이 아니라 단계로 바꿔야 한다. 특정과목이 어려우면 쉬운 단계의 수업을 듣게 하고, 특정과목이 너무 쉬우면 어려운 과목을 들을 수 있도록 해야 한다. 미술을 좋아하는 학생은 미술을 심화하여 공부할 수 있도록 하고, 음악을 좋아하는 학생은 음악 수업을 많이 들을 수 있도록 해야 한다.

선택과목을 많이 늘이기 위해서는 학교의 규모가 커야 하는데, 이를 위해 위에서 말한 초등학교, 중학교, 고등학교가 함께 강의를 하는 학교를 만들어야 하는 것이다.

　이렇게 하면 평가가 있더라도 등수를 매기기 위한 평가가 아니라 그 단계를 얼마나 이해했는지, 제대로 다음 단계로 넘어갈 수 있는 능력을 가졌는지, 그리고 얼마나 성실하게 수업에 임하는지를 알아보는 평가가 될 것이다. 당연히 평균점수는 그리 중요한 요소가 아니다. 어려운 단계를 많이 들은 학생들은 쉬운 단계를 들은 학생들보다 평균점수가 낮을 수 있지만 고등학문을 들을 수 있는 자격을 인정받는 게 된다. 쉬운 과목에서 올A를 받은 학생들도 자존감을 가질 수 있고, 다소 성적이 낮을 수 있지만 더 높은 목표를 위해 도전하는 학생들도 자존감을 가질 수 있게 된다. 등수는 의미가 없어지게 되고, 어떤 과목의 어떤 단계를 마쳤는지는 대학에서 학생을 선발할 때 등수보다 어떤 단계를 얼마나 잘 마쳤는지를 보게 될 것이다.

　●전 학년이 운동하는 시간을 확보하자.

　일주일에 한 번 오전이나 오후, 충분한 시간을 확보하여 전교생이 동시에 운동을 할 수 있도록 했으면 한다. 초중고 학생이 함께 다니는 학교인 경우라면 체격이 크게 차이가 나기 때문에 3년 단위로 구분하면 된다. 예를 들어 화요일 오전은 초등학교 1~3학년, 수요일 오전은 초등학교 4~6학년, 목요일 오전은 중학교 1~3학년, 금요일 오전은 고등학교 1~3학년 학생들이 모두 체육활동을 할 수 있도록 하면 된다. 전교생이 한 명도 빠짐없이 축구, 농구, 배구, 탁구, 육상 등 각종 종목에 참여할 수 있도록 한다. 물론 한 학교 학생이 적거나 운동장이 부족하다면 몇 개의 학교들이 모여서 팀을 편성할 수 있도록 해야 한다. 이를 위해서 특정 지역의 학교는 동일한 시간을 정해 체육활동을 하도록 해야 한다. 장애를 가진 학생들은 장애인 체육시설이 있는 곳으로 가서 운동을 할 수 있도록 보장한다.

이렇게 같은 시간에 운동을 하면 평소에는 개별학교에서 운동을 하다가 특정 시즌을 정해 그 시간에 다른 학교와 경기를 할 수도 있다. 시군구 단위에서 예선 토너먼트를 하고, 상위 등급의 학교들이 시도 단위의 경기를, 시도 단위 상위 등급의 학교가 전국 단위의 경기를 한다면 학생 모두가 참여하는 전국적인 축제가 될 수 있을 것이다. 운동은 건강과 지능 발달에도 도움을 주지만 학생들에게 협력하고, 소통하는 능력과 함께 도전하는 자세, 어려움을 이겨내는 인내심을 길러낼 수 있다.

●대부제, 대모제, 형제자매 맺기를 도입하자

마지막으로 대부제, 대모제를 도입할 것을 제안한다. 아버지, 어머니가 함께 가정교육에 참여하는 가정도 많지만 가정의 안정성이 흔들리는 오늘날은 결손가정이 늘어날 수밖에 없고, 여러 가지 이유로 부모가 모두 자녀교육에 함께 하지 않는 가정이 많다. 이런 학생들에게 자녀교육을 잘했거나 학생들을 잘 살피는 것으로 주위에서 인정받은 성인 남녀들로

하여금 그러한 학생들의 대부, 대모를 할 수 있도록 배려했으면 한다.

대부, 대모는 대자, 대녀가 연락할 때는 반드시 전화나 문자로 응답을 해야 하며, 적어도 한 달에 한 번은 식사 등을 함께 하며 충분한 대화를 할 수 있도록 함으로써 친부, 친모에게서 충족되지 못한 애정을 채울 수 있도록 하고, 필요할 때 도움을 줄 수 있는 든든한 배경을 가질 수 있도록 도움을 줄 수 있을 것이다.

출산율이 급격하게 떨어지면서 외동으로 자라나는 학생이 너무 많다. 위에서 제안한 초중고생이 함께 하는 학교를 통해 형제자매 맺기를 한다면 외동으로 자라나면서 가지는 문제점이 상당부분 해소될 수 있다. 형제자매 맺기, 대부, 대모 갖기를 통해 갈수록 파괴되어 가는 가정의 문제가 상당부분 치유될 수 있을 것이다.

필자는 《노마드대디》라는 책을 썼다. 직장과 주거의 변화가 극심한 오늘날은 유목민 시대, 즉 노마드(nomad, 유목민이란 뜻: 저자 註) 시대인데, 노마드 시대에는 함께 말을 타고, 함께 사냥을 할 수 있는 아빠의 중요성이 강조되며, 그래서 노마드 아빠, 즉 노마드대디가 필요함을 이 책에서 설명했다. 그런데 여러 가지 이유로 아빠가 없거나 아빠가 자녀에게 노마드대디의 역할을 하기 힘든 경우가 점점 많아지기 때문에 건강한 남성들이 그러한 자녀들의 대부역할을 해야 한다고 주장했고, 이러한 남성들의 연대를 제안했다. 대한민국의 미래를 위해 건강한 남성들의 '노마드대디 연대'가 이루어지고, 방황하는 학생들의 멘토가 되고, 의지가 되어줄 수 있다면 대한민국의 미래는 한층 밝아질 것으로 확신한다.

[그림] 필자가 쓴 《노마드대디》 표지

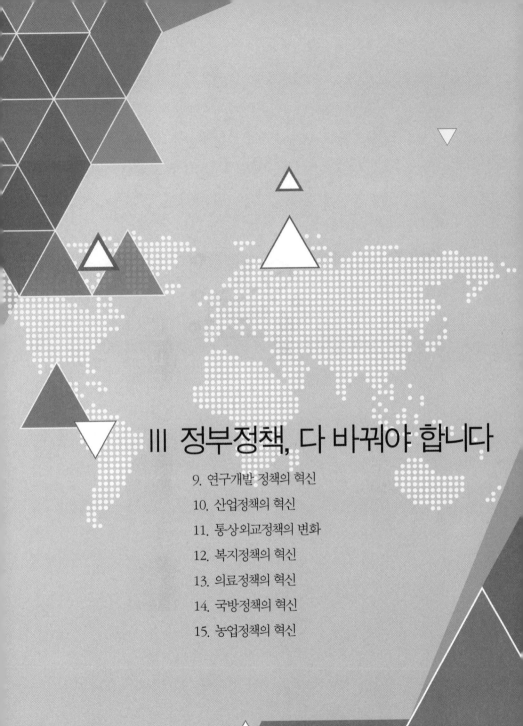

III 정부정책, 다 바꿔야 합니다

Ⅲ.
정부정책
다 바꿔야 합니다

9.

연구개발정책의 혁신

2019년 정부의 연구개발 예산은 20조 4천억원으로 사상 최초로 20조를 넘었다. 이러한 예산은 자율주행차, 스마트시티, 스마트팩토리, 스마트팜, 에너지신산업, 드론, 핀테크, 바이오헬스 등 8대 혁신성장 분야, 데이터, 인공지능, 수소에너지 등 플랫폼 분야와 미래 유망분야 핵심 원천기술 개발 등을 개발하는데 쓰이며, 기초연구개발에도 많은 돈이 투자되었다.

또한 2018년 우리나라의 총 연구개발 투자액은 78조 8천억원으로 세계 5위 수준이며, 국내총생산(GDP) 대비 R&D 투자비율은 4.55%로 이스라엘을 제치고 다시 1위로 올라설 것으로 분석됐다.

이뿐 아니라 과학기술정보통신부 발표에 의하면 2017년 연구개발인력은 383,100명으로 세계 6위 수준이라고 한다. 그도 그럴 것이 세계 최고의 대학진학률을 자랑하는 나라이니 연구개발 분야로 투입되는 사람의 숫자도 많을 수밖에 없다.

이렇게 많은 인력이 엄청나게 많은 연구개발비를 쓰니 엄청난 성과를 내야 하지만, 우리나라의 과학기술의 현실은 처참하기만 하다. 노벨과학상을 하나도 받지 못한 것이 가장 대표적인 지표일 수 있지만 그 외에도 그저 보여주기식 연구만 많았고, 대한민국의 미래를 개척할만한 연구성과는 신통치 않다. 특히 4차 산업혁명 시대를 준비하는 우리나라의 기술역량은 너무 떨어진다.

● 연구개발의 근본 문제는 과도한 정부주도

문제의 원인이 하나 둘이 아니겠지만 과도한 정부주도의 연구개발 정책이 근본원인이다. 그렇다면 정부주도의 연구개발 정책의 문제점은 무엇일까? 이에 대해서는 이미 많은 연구와 토론이 이루어졌지만 나름대로 12가지로 설명하려고 한다.

첫째, 정부의 연구개발 정책이 시대 변화를 반영하지 못한다.
정부 예산안은 전년도 말에 기획재정부에서 통보한 "국가재정운용계획 수립지침"을 가지고 정부부처에서 중기사업계획서를 1월말까지 제출하며, 제출된 자료와 경제환경 등을 분석하여 기획재정부에서 3월말에 각 정부부처로 "예산안 편성지침"을 보낸다. 중앙정부에서 5월말까지 예산요구서를 제출하고, 이를 바탕으로 예산안을 편성한다. 물론 그 이후 국회에서 예산안을 확정하는 절차가 필요하다. 이렇게 확정된 예산이 그 이

듬해 일 년 동안 사용된다. 대충 읽어봐도 2020년에 사용될 예산은 2019년 3월까지의 환경을 반영하여 작성된 것이다. 결국 예산 수립과 예산의 집행에 짧아도 약 1년, 연말에 지출되는 예산의 경우는 거의 2년이라는 시간 격차가 생기게 된다. 이렇게 만들어진 예산안은 예산집행 기관에서 마음대로 변경할 수 없다. 2년 전의 상황에 따라 만들어진 계획에 따라야 하니 하루가 멀다 하고 혁신적인 소재와 제품, 서비스와 비즈니스 모델이 출현하는 오늘날 시대에 이런 굼뜬 정책 프로세스는 시대에 동떨어진 연구를 만들어낼 수밖에 없다.

둘째, 정부의 연구개발의 지속성이 결여되어 있다.

4차 산업혁명 시대에 우리나라 연구개발은 방향을 잃어버린 것 같다. 세계의 변화를 선도하지 못하고, 미국, 중국 등 기술선진국의 연구 성과에 따라 우리나라의 연구개발 정책이 바뀌는 추동형 연구가 되고 말았다. 그러다보니 해외의 뉴스에 따라 정책이 변화하고, 대통령이 만난 해외인사의 말 한마디에 새로운 정책이 만들어지기도 한다. 또한 정권이 바뀔 때마다 이전 정권의 주력 연구분야는 휴지조각이 되고 전혀 새로운 분야의 연구가 각광을 받는 경우가 허다하며, 정치인이나 지방자치 단체장의 입김에 따라 정부의 연구개발 방향이 영향을 받기도 한다. 애초 시의적절한 대응이 불가능한 정부의 예산 프로세스라면 장기적인 관점에 따라 연구가 지속적으로 수행될 수 있어야 하는데, 이렇게 우왕좌왕해서는 연구진들이 지속적인 연구개발을 하기 힘들어 진다.

셋째, 정부의 연구개발비는 대개 나눠먹기식으로 배분된다.

전국에 정부의 과제에 목을 매는 대학, 연구소, 기업들이 엄청나게 많기 때문에 시급하고, 중요하다고 한두 군데 기관에 예산을 집중적으로 투입할 수 없다. 또한 정부의 연구개발비를 마치 시혜 베풀 듯이 생각하는 높은 분들도 많아 시혜가 특정 한두 기관으로 쏠리는 것은 특혜이자 비리로 여겨지기 쉽다. 그러다보니 많은 역량을 쌓아온 회사라도 필요한 연구개발 예산을 충분히 받을 수 없다 또한 규모가 큰 연구개발 예산의 경우 정치인들이나 지자체가 압력을 넣어 다수 기관들의 나눠먹기로 배분되고 만다.

넷째, 정부 연구개발비의 관리에 많은 비용이 소비된다.

세금이 집행되는 것인 만큼 과제선정과 관리를 엄정하게 해야 함은 분명하다. 그러다보니 정부 연구개발비의 관리에 문제가 있었다는 뉴스가 나오기 무섭게 연구개발의 자율성을 침해하는 규제나 제도가 만들어진다. 그런데 그러한 규제나 제도를 집행하기 위해서는 추가적인 조직과 예산이 투입되어야 한다. 정부 부처마다 연구개발 관리절차가 있고, 이를 관리하는 전담기관들이 있는데, 이로 인한 비용이 엄청나게 발생한다. 대략 정부 연구개발비의 15% 정도는 관리비용이라고 한다. 이 비율은 연구개발비가 투입된 기관들이 사용하는 관리비용은 고려하지 않은 것이니 막대한 정부예산의 2, 30% 정도가 과제관리에 지출되고 있는 셈이다.

다섯째, 연구진들의 자유로운 연구가 보장되지 않는다.

연구개발의 성공을 위해서는 자유로운 연구가 보장되어야 한다. 그러나 앞에서 말한 것처럼 지나치게 관리위주의 연구개발 정책이 연구자들의 자유로운 연구를 방해하고 있다. 3M사의 포스트잇이 접착력이 너무 약해 실패한 연구개발 결과를 바탕으로 만들어졌다는 유명한 일화가 있지만, 우리나라의 정부 연구개발에서 이런 결과가 나왔다가는 연구기관과 연구진이 큰 낭패를 보게 된다. 그러다보니 주어진 요구사항만 겨우 만족시켜 과제를 성공시키려는 자세를 보이게 된다. 자유를 보장하다보면 여러 가지 문제와 탈법도 나올 수 있겠지만 구더기를 무서워하지 않아야 장을 담글 수 있는 법이다. 관리 위주의 정부 정책은 연구자들의 자율을 빼앗고, 관료의 눈치를 보는 수동적인 연구자를 만들게 된다.

여섯째, 정부의 연구개발 정책으로는 탁월한 연구자를 확보할 수 없다.

시의적절한 연구비 집행이 되지 않기 때문에 그렇기도 하지만 더 큰 문제는 정부 연구개발비로는 적절한 인재를 확보하는 것이 불가능하다는 것이다. 정부의 예산이 투입되는 연구개발의 경우 정부에서 고시한 노임단가로 인건비를 산정해야 한다. 그러나 인공지능, 로봇 등 첨단분야일수록 우리나라의 인건비 규정은 제대로 된 인력을 확보하는 비용으로는 턱도 없다. 이런 분야일수록 탁월한 인력들은 미국이나 중국 등 해외에서 모시고 와야 하는데, 수억원의 연봉을 주는 외국회사가 많은데, 이런 회사를 떠나 터무니 없는 급여를 주는 한국으로 올 연구원은 거의 전무하다. 탁월한 인재의 투입이 없이 그저 고만고만한 연구인력으로 세계적인 천재들이 만들어 내는 혁신의 수준을 따라갈 수 없다.

일곱째, 성공에 대한 보상이 적어 연구자들이 최선을 다하지 않는다.

자본주의 사회에서는 보상이 성과를 만들어낸다. 그러나 정부 연구개발과제를 수행한 연구원이 그 연구성과로 대박을 터뜨릴 가능성은 희박하다. 애초 시대에 뒤떨어진 연구를 하는 것부터, 고만고만한 사람들이 모인 과제가 탁월한 성과를 만들어내기도 힘들지만, 성과물은 정부 내지 연구기관의 것이고, 개인에게 보상이 오기는 쉽지 않기 때문이다. 세르게이 브린과 레리 페이지(구글의 공동 창업자: 저자 註)는 그들의 연구결과를 통하여 감히 상상할 수 없는 부를 얻었지만 우리나라에서 정부 연구개발에 참여한 연구자는 그간 받았던 급여로 만족해야 한다. 그러니 혹시 혁신적인 결과물이 있다면 그것을 연구결과에 포함시키지 않으려 할 것이며, 주어진 과제목표를 맞추는 데만 주력할 것이다.

여덟째, 연구개발이 실제 사업화로 연결되기 어렵다.

정부의 연구개발비는 대개 연구소나 대학, 또는 중소 규모의 기업에서 이루어지는 경우가 많다. 앞에서 설명한 세 가지 이유 때문에 성공할 수 있는 사업 아이템이 개발되기도 힘들지만 사업을 통해 이윤을 창출하려는 의지가 부족한 경우가 대부분이다. 그러다보니 연구를 위한 연구에 그치며, 정부 연구개발비로 연명하는 연구소나 기업들이 늘어날 수밖에 없다. 또한 어차피 연구개발 방향이 공개되고, 연구결과마저 평가 프로세스 등을 통해 공개되는데, 공개된 정보를 통해 사업을 하기는 쉽지 않다. 또한 연구를 통해 확보된 지적재산권은 정부에 귀속되거나 정부의 통제를 받아야 하는 것도 사업화를 꺼리게 되는 요인이다.

아홉째, 연구자들이 지속적인 연구를 하기 어렵다.

연구기간이 끝나면 연구자들은 또 다른 과제에 투입된다. 석박사 과정의 학생이 대학에서 했던 연구를 기업에서 이어간다는 것은 거의 불가능하며, 연구소의 경우도 매년 달라지는 연구소 정책에 따라 하고 싶던 연구를 지속적으로 할 수 없는 경우가 대부분이다. 운이 좋아 유사한 과제를 계속할 수 있는 경우도 있겠지만 그러한 경우는 드물기 때문에 연구자들이 수년간 수행한 연구과제는 연구자의 경력에 한 줄로 들어가는데 그치기 쉽다. 그러다보니 연구자들의 연구는 타성에 젖게 되고, 사업화를 염두에 두고 연구를 하는 연구자들이 적다. 특히 정부 연구소에 근무하는 연구자가 자신이 만든 연구결과를 사업화 하고 싶어 안정된 연구소를 떠나 위험한 스타트업의 길로 나서는 결정을 하기가 쉽지 않다.

열째, 실패를 허용하지 않는 분위기가 안주하는 연구환경을 만든다.

우리나라의 모든 분야가 그렇지만 연구개발 분야는 특히 입을 대는 곳이 많다. 그다지 큰 성과가 나지 않고 예산만 낭비되는 것 같은 느낌이 들어서이기도 하지만, 연구개발비를 투자라기보다 비용으로 보는 측면이 강하기 때문이다. 과제가 실패로 판명되는 경우 언론과 정치권에서 난리가 나는 경우가 많다. 또한 실패를 부끄러운 것으로 생각하는 문화, 과정보다 결과만 보는 문화가 과감한 도전을 하지 못하게 만들고 있다. 그러다보니 과제를 만들 때부터 실패의 소지를 줄이는 제안요청서를 만들고, 과제평가에서도 어지간하면 성공으로 결론 내는 경우가 많다. 결국 연구진들은 제안요청서에 명시된 이상의 연구를 할 필요를 느끼지 않으며, 과제가 진행되면서 변화하는 시대를 반영하는 탁월한 연구를 할 필요성을 느끼지 못한다.

열한째, 정부 과제를 수행하는 동안 엄청난 서류작업이 불가피하다.

일단 정부과제를 수행하기 위해서는 긴 시간의 제안서를 쓰는 작업과 피 말리는 발표과정을 거쳐야 한다. 제안요청서에 있는 서류를 제대로 준비하는데도 엄청난 시간과 전문성이 요구되기 때문에 정부과제를 많이 했던 연구소나 회사, 교수들이 지속적으로 과제를 따게 되고, 과제를 수행하기에 적당한 회사나 연구소라 할지라도 제안서를 쓰는 능력이 떨어진다면 과제를 딸 수 없다. 과제를 수주했다고 해서 끝이 아니다. 복잡한 예산항목에 맞춰 돈을 집행해야 하며, 회의, 출장, 자문 등 연구에 필요한 행위를 할 때마다 증빙서류를 갖춰야 한다. 좀 큰 과제를 수행하는 경우 이러한 문서행위를 전담하는 사람이 있어야 하며, 연구원들도 문서작업에 많은 시간을 투입해야 한다. 과제수행 중에 예상하지 못한 비용발생이나 예산항목의 조정이 있다면 이 또한 엄청난 문서작업이 필요하다. 과제가 종료된 후에도 수시로 추후 자료제출이 있고, 성과에 대한 보고가 있다.

열두째, 정부의 연구개발 투자는 기업의 연구개발을 방해하기도 한다.

이것은 정부 연구개발 투자가 야기하는 부차적인 문제이기도 하지만 아주 중요한 문제이다. 다양한 이유로 특정분야(예를 들어 인공지능, 원전 해체, 수소전지 등)에 대한 정부의 연구개발 예산지원이 결정되면 이와 관련된 연구를 하던 기업들은 정부의 예산이 확정될 때까지 연구개발을 늦추기 쉽다. 왜냐하면 자체 연구개발비를 쓰는 것보다 정부의 연구개발비를 쓰는 것이 이익 측면에서 뿐만 아니라 기업가치의 제고에도 큰 효과를 주기 때문이다. 그런데 앞에서 이야기한 것처럼 실제 예산이 투입되는데 1, 2년의 시간이 소요되므로, 자체 연구개발 때보다 결과가 도출되는데 훨씬 시간이 많이 소요된다.

기업들이 자체 연구개발을 꺼리는 또 다른 이유는 정부구매 때문이다. 예를 들어 거동이 불편한 어르신을 위한 로봇을 개발하는 과제가 만들어졌다면 보건복지부에서 향후 로봇을 구매할 때 정부예산이 투입되어 개발된 로봇을 구매하기 쉽기 때문이다. 또한 공공 데이터를 분석하는 연구과제의 경우도 정부과제에 참여해야 관련 연구가 용이하기 때문에 자체 연구를 멈추고 몇 개월씩 걸리는 과제수주 경쟁에 뛰어들어야 한다. 그리고 정작 실력이 있는 기업들은 굳이 번거로운 정부 예산을 받을 필요성을 느끼지 않는 경우도 많다.

정부 연구개발 정책은 이제 멈춰야 한다. 복잡해 보이는 정부 연구개발의 많은 문제는 의외로 쉽게 해결할 수 있다. 크게 두 가지 방향에서 바뀌어야 한다.

● 기업이 할 수 있는 연구개발에서 정부는 손을 떼라

먼저, 기업이 할 수 있는 연구개발은 기업에 맡기고 정부가 손을 떼야 한다. 기업보다 세계 기술환경에 뒤떨어진 정부가 기업의 연구개발 방향을 이래라저래라 하는 것은 난센스 중의 난센스다. 6, 70년대 경제개발 5

개년 계획 당시에는 우리나라 기업의 환경이 워낙 열악했으므로 정부 주도의 연구개발 정책이 필요했지만, 이제 세계 수준에 올라선 기업 스스로 어떤 분야의 연구에 주력해야 하며, 어떤 분야는 다른 나라와 제휴하는 것이 최적인지를 분별할 수 있다. 대통령이 대기업을 방문하여 연구개발에 훈수를 두는 것은 정말 슬픈 코미디이다.

정부는 기초과학 분야, 연구역량이 부족한 중소기업을 돕는 분야, 그리고 반드시 정부가 주도해야 하는 사업과 관련된 연구만 하고, 나머지는 전부 시장에 맡겨야 한다.

●기업의 연구개발 활동에 충분한 혜택을 주라

둘째, 기업이 미래를 위해 하는 연구개발 활동에 충분한 혜택을 주어야 한다. 조금 더 구체적으로 말해서 기업이 외부 연구소나 대학에 위탁하는 연구비의 전액을 세액공제 해 주어야 한다. 기업으로부터 세금을 거둔 후 그 세금을 다시 연구소나 대학 또는 기업으로 나누어 주는 현재의 방식 대신 기업에서 수행하고 싶은 연구과제를 직접 연구소나 대학에 부여할 수 있도록 해야 한다. 물론 기업 내부의 연구개발 과제에 대한 세제혜택도 있지만 그보다 기업 밖으로 나가는 연구개발에 대해서는 100% 세액공제를 해주는 것이다. 이것이 기업에 대한 특혜가 될 수 있지만 세금을 걷고, 그 세금이 연구기관으로 나눠지는 것보다 기업에서 바로 연구기관으로 집행하는 것이니 훨씬 신속하고, 효과적인 과제수행이 가능해지게 되는 것이다.

이렇게 두 가지 원칙을 채택한다면 앞에서 이야기한 정부 주도의 연구개발과제의 문제를 원천적으로 해결할 수 있다. 이를 하나씩 설명해 보겠다.

첫째, 시대변화를 반영하지 못하는 정부의 연구개발이 아니라 기업이 필요로 하는 연구개발을 시의적절하게 시행할 수 있게 된다. 기업들은 환경변화에 대응하기 위해, 기업의 문제를 해결하기 위해 필요한 과제를 즉각적으로 집행할 수 있게 된다.

둘째, 정권이 바뀔 때마다, 정부의 필요에 따라 조변석개하는 연구개발 정책에 좌우되는 연구개발이 아니라 정부의 영향에서 벗어나 기업의 미래 예측을 근간으로 한 지속가능한 연구개발이 가능해진다.

셋째, 나눠먹기식 연구개발을 피할 수 있다. 기업이 필요로 하는 연구개발비를 하나의 대학이나 연구소에 집중해서 지원할 수 있게 된다. 예를 들어 S사가 인공지능 기술을 개발하기 위해 특정 대학의 특정 교수에게 수백 또는 수천억원의 연구개발비를 지출할 수 있을 것이다. 만약 이 연구개발비를 지원받은 교수가 성공적으로 연구개발을 하게 된다면 이 교수에게는 국내뿐 아니라 해외로부터도 연구개발이 이어지게 될 수 있을 것이다. 외국에는 능력 있는 특정 교수의 연구개발비가 수백억, 수천억원인 경우를 흔히 볼 수 있지만 우리나라는 거의 불가능하다. 연구개발비는 빈익빈부익부가 될 수 있지만 그래야 역량 있는 연구소나 교수, 연구원의 역량이 제대로 발휘될 수 있다.

넷째, 정부 연구개발비의 관리비용이 원천적으로 사라지게 된다. 뿐만 아니라 세금을 걷기 위한 비용마저 줄어들게 될 것이다. 물론 기업과 연구기관 사이에 탈세를 위한 거짓 연구개발비 집행이 이루어지는 것을 방지하기 위한 활동은 해야 하며, 이로 인한 비용이 발생하지만 그 비용은 현재의 방식에서 발생하는 비용과 비교할 수 없을 정도로 적을 것이다.

다섯째, 기업들은 성공적인 결과물을 얻기 위해 연구진의 자유로운 연구를 보장할 것이다. 물론 미주알고주알 연구방향에 대해, 연구의 진행과정을 간섭하는 기업도 있겠지만 그러한 기업은 역량 있는 연구기관을 만나기 어려울 수밖에 없다. 결국 시장이 좋은 과제를 선택하게 되는 것이다.

여섯째, 정부의 노임단가에 얽매이지 않고 파격적인 급여와 혜택을 제공할 수 있기 때문에 연구에 필요한 사람의 채용이 가능해진다. 연구에 필요한 사람을 전 세계에서 모셔올 수 있게 된다면 연구의 성공확률이 높아지게 된다. 연구가 성공할 경우에도 기업에서는 연구자에게 파격적인 보상을 제공할 수 있다.

일곱째, 성공에 대한 충분한 보상이 제공되므로 연구진은 연구에 최선을 다하게 된다. 뿐만 아니라 시의적절한 연구개발에 큰 성과를 나타낸다면 그 연구진의 가치는 급상승하게 된다.

여덟째, 기업의 필요에 따라 이루어진 연구개발이기 때문에 연구개발 결과는 당연히 사업화로 이어지게 될 가능성이 높다. 혹시 연구개발이 실패하더라도 그 과정에 만들어진 결과를 통해 새로운 수익을 만들어낼 수 있는 방안을 고민하게 될 것이다.

아홉째, 연구개발이 성공하게 된다면 기업에서는 연구에 참여한 연구진을 우선적으로 채용해서 연구결과를 사업화시키려고 할 것이다. 대기업에서 주어진 연구개발에 성공을 한다면 그 기업에 채용될 수 있을 것이므로 연구진들은 연구에 최선을 다할 수밖에 없다.

열째, 기업에서 주어진 연구개발 과제도 실패를 용인하지 않는 경우도 있지만 반면 실패할 가능성이 있어도 성공하는 경우 큰 수익을 가져오는 파격적일 과제일 경우도 많다. 실패는 기업과 과제를 집행한 연구기관에 체화되며, 그것을 바탕으로 더 큰 성공을 만들어낼 수 있다.

열한째, 기업에서는 과제의 성공에만 관심을 둔다. 기업은 과제관리를 위해 필요한 최소한의 서류작업이나 보고절차만 요구할 것이다. 다섯 번째로 설명했던 것처럼 기업에서 과도한 서류를 요구한다면 그 기업의 과제를 수행하려는 연구기관은 줄어들게 된다.

열두째, 세액공제가 이루어지기 때문에 기업은 스스로를 위한 연구개발을 과감하게 시행하게 될 것이며, 만약 연구개발에 성공한다면 그 결과물은 추후 정부구매로 이어질 수 있기 때문에 기업들은 연구의 성공을 위해 최선을 다하게 될 것이다.

정부의 과도한 연구개발의 개입을 줄이고, 기업으로 하여금 미래를 꿈꾸게 하고, 미래를 설계하며, 미래를 개척하게 함으로써 밀어닥치는 4차 산업혁명 시대를 슬기롭게 대처할 수 있도록 해야 한다.

연구개발은 기업에 맡겨라.

10.

산업정책의 혁신

세 차례의 산업혁명은 전 세계의 경제지도뿐 아니라 국가의 패권에도 막대한 영향을 미쳤다. 1차, 2차 산업혁명의 기회를 제대로 대응하지 못했던 우리나라가 이렇게 눈부신 경제발전을 이룬 것은 과거 중화학공업의 집중 투자로 인한 것도 있지만 3차 산업혁명 시대를 효과적으로 대응했기 때문이었다. 이제 새롭게 닥친 4차 산업혁명 시대의 경제정책 또한 새로운 혁신을 유도함으로써 국가경제의 발전을 달성해야만 한다.

그러나 앞에서도 반복해서 언급하지만 우리나라는 기업에 대한 정부의 규제가 과도하며, 그 방향도 옳지 않다. 기업하기 좋은 나라, 혁신을 장려하는 문화, 성공에 대한 확실한 보상이 제공되는 환경을 만들어야 한다.

또한 기존 기업의 보호도 중요하지만 새로운 기업이 쉽게 진입할 수 있는 환경의 조성이 우선되어야 한다. 왜냐하면 4차 산업혁명 시대에 제대로 대응하기 위해서는 기존 기업들의 변신보다 작고, 기민한 스타트업

(Start-Up)들이 많이 출현할 수 있어야 하기 때문이다.

● 규제를 없애라

제일 중요한 것은 첩첩이 쌓인 규제를 없애야 한다. 참 재미난 것은 규제철폐의 필요성에 대해 이야기하지 않은 정권이 없었다는 것이다. 규제를 만들거나 없애는 일과 제일 관련된 곳이 국회이므로 이 문제는 16장, 국회에 대한 이야기에서 본격적으로 하고, 여기서는 넘어가도록 하겠다.

● 기업하기 좋은 나라를 만들자

부동산 가격이 천정부지로 뛰고 있다. 부동산 가격의 상승은 기존 기업에게는 좋은 소식일 수 있다. 공장부지의 땅값이 올라가면 영업이익이 줄더라도 기업의 자산이 늘어나게 된다. 그러나 앞에서 말한 것처럼 새로운 기업이 많아야 하는데, 새로운 기업에게 부동산 가격 상승은 기업활동에 부정적인 환경이 된다. 공장을 만들어야 하고, 사무실도 얻어야 하는데 초기 투자비용이 과다하게 들기 때문이다. 그래서 국가에서는 스타트업들을 위해 혁신단지를 조성하고, 신생기업들이 많은 투자를 하지 않고 사업을 할 수 있는 환경을 만들기에 애를 쓰고 있다.

그러나 회사만 있어서 되는 것이 아니다. 직원들이 근무할 주거지도 있어야 하고, 이들이 이용할 후생시설도 있어야 한다. 부동산 가격의 상승은 젊은이들의 유입을 어렵게 하고, 출퇴근거리를 멀게 하며, 생활비도 상승하게 하여 새로운 기업의 등장을 어렵게 하고, 성장을 어렵게 하는 주범이 된다.

정규직을 우선으로 하는 노동정책도 심각한 문제가 된다. 새로운 기업이 성공하기 위해서는 좋은 인력을 뽑을 수 있어야 한다. 그러나 4차 산업혁명 시대는 기업환경이 워낙 빠르게 변하므로 기업을 쉽게 정리할 수도 있어야 한다.

예를 들어 10억을 가진 사람이 10억 짜리 회사를 창업을 했는데, 2억 정도 사용한 시점에서 사업성이 없다고 판단되면 회사를 정리할 수 있어야 한다. 그렇게 되면 남은 8억으로 새로운 사업에 도전할 수 있는 것이다. 그러나 정규직으로 뽑은 직원을 내보낼 수가 없어 8억을 다 탕진해야 할 뿐 아니라 빚까지 지면서 급여를 줘야한다면 그런 위험한 사업에 투자할 사람은 없을 것이다. 결국 창업하는 사람이 없으니 일자리도 없어지고, 새로운 혁신으로 미래를 대응할 수도 없어진다.

정규직으로 뽑아서 직원에게 안정감을 주는 것도 필요하다. 그러나 경영상의 이유로 구조조정을 쉽게 할 수 있어야 장기적으로 국가에 좋고, 일자리를 찾는 구직자들에게 좋은 환경이 되는 것이다. 실업급여 등으로 사회안전망을 강화해 나가면서 회사의 구조조정은 쉽게 할 수 있을 때 과감한 투자와 함께 시대 흐름에 민감하게 반응하는 기업의 설립과 퇴출이 가능해진다.

노동조합의 과도한 경영간섭 또한 단기적으로 볼 때는 노동자의 권익을 보호하고, 노동자에게 유리한 노동환경을 만들 수 있으므로 좋을 수 있지만 이 역시 새로운 사업을 고민하는 기업가들에게는 결코 바람직한 것이 아니다. 다른 기업들은 자동화 설비로 저렴하고, 품질 좋은 제품을 신속하게 만들어내는데, 노동조합의 간섭으로 자동화를 제대로 못한다면 그 기업은 조만간 망하게 될 것이며, 그러한 환경을 보는 예비창업가들은 한국에서의 창업을 꺼릴 수밖에 없다.

기업가들이 공무원과 정치인 앞에서 주눅 들어야 하는 사회도 바람직하지 않다. 우리나라의 사농공상에 대한 오랜 편견은 국가에 세금을 내는 기업가들이 그 세금을 받는 공무원과 정치인 앞에서 쩔쩔 매는 게 당연한 것처럼 만든다. 그래서야 똑똑한 사람은 당연히 기업가가 되기보다 공무원과 정치인이 되려고 할 것이다.

이 외에도 법인세, 상속세 등 세금문제, 국민과 언론의 기업을 보는 인식, 무역에 막대한 영향을 주는 정부의 외교정책 등이 기업환경에 큰 영향을 준다. 정부는 이러한 문제에 있어서 기업가들을 만나고, 기업가들의 의견을 듣고, 기업가들의 자문을 받아야 한다. 기업가들을 불러 훈수하려고 하는 정부가 아니라 기업가들에게 훈수를 받으려고 하는 정부가 되어야 한다.

전 세계가 좋은 기업을 유치하기 위해 경쟁을 하고 있는 시대, 돈과 사람의 이동이 역사상 가장 용이한 이 때 기업하기 힘든 국가는 좋은 기업의 탈출을 막을 수 없고, 뛰어난 인재의 유출을 막을 수 없어 조만간 몰락할 수밖에 없다. 그렇다고 자본과 인력을 틀어막는 쇄국을 할 수도 없는 노룻이다.

기업하기 좋은 나라를 만들어야 한다.

● 대기업과 중소기업이 윈윈하는 정책을 만들라

대기업과 중소기업 사이의 기울어진 운동장의 문제를 지적하는 사람이 많다. 고도성장의 후유증이기도 하며, 중화학공업을 육성했던 과거의 산업정책의 탓이기도 하겠지만 오랫동안 고착된 이 문제를 해결하기란 참으로 어렵다.

한 가지 제안을 한다. 대기업이 중소기업을 위해 일하게 함으로써 대기업과 중소기업 모두가 승자가 되는 환경을 만들어야 한다.

기술력이 뛰어난 중소기업이라고 하더라도 수출시장에 나서기는 어려움이 많다. 무역에 필요한 인력을 갖추는 것도, 해외 영업망을 구축하는 것도, 해외에서의 분쟁에 효과적으로 대응하는 것도 쉽지 않다. 이런 일을 대기업이 나서서 돕게 된다면 중소기업에 엄청난 도움이 될 수 있을 것이다. 그러나 대기업에게 금전적인 유익이 없다면 대기업에서는 중소기업을 마지못해 도울 것이다.

이런 일을 할 때 대기업에게 금전적인 이익이 발생할 수 있도록 해야 한다. 쉽게 생각할 수 있는 것은 대기업이 중소기업 제품을 수출하여 중소기업이 벌어들인 매출액이나 이익에 비례하여 대기업에게 세금감면 혜택을 제공하는 것이다. 또는 무역과 관련한 중소기업들의 요구사항을 조

사한 후 이를 적극적으로 해결해주는 대기업들에게 세제혜택을 부여할
수도 있을 것이다.

　안정된 자리가 보장된 진흥기관들이 기업의 애로사항을 자기 일처럼 최
선을 다해 해결할 것을 기대하기는 힘들다. 정부의 기능을 최소화하고,
기업들이 이윤을 따라 움직일 때 그것이 중소기업도 돕고, 일자리도 늘이
고, 세금도 늘어나게 하는 묘안을 만들 수 있도록 해야 한다. 모든 것을
정부의 힘으로 하는 것은 비효율적일 뿐 아니라 세금만 축내고, 기업들의
열의를 막는 어리석은 짓이다.

11.

통상외교정책의 변화

우리나라는 수출로 먹고사는 나라이다. 우리나라의 곡물자급률은 23%에 불과하며, 연간 1,600만톤의 곡물을 수입하는 세계 5위 곡물수입국이다. 에너지자급률은 더욱 심각하여 겨우 3%에 그치고 있어, 곡물과 에너지를 수입하는 금액이 전체 수입액의 28%에 달한다(2018년 무역통계 기준). 즉 우리나라는 먹을 것과 기본적인 에너지의 대부분을 수입에 의존하는 국가다. 쉽게 말해 달러를 벌지 못하면 우리는 굶어죽고, 얼어 죽고, 차량운행도 못하며, 조명도 없는 밤을 보내야 하는 나라가 된다.

결국 우리나라의 가장 중요한 생존전략은 달러를 버는 것이다. 그러다 보니 중국 경제의 대외의존도가 34%, 일본 28%, 미국 20%에 비해 우리나라 경제의 대외의존도는 무려 69%에 달한다(2017년 기준). 물론 국내 경제의 체질을 강화하는 정책도 펴야하는 것은 물론이지만 식량자급을 포기했고, 에너지 의존도도 이렇게 높은 나라라면 수출증대는 국가 생존전략이 아닐 수 없다. 그러나 문재인 정부 들어 수출은 전년대비 계속 감소하고 있으며, 장기적인 전망도 비관적이어서 나라의 미래를 어둡게 보는 사람들이 늘어나고 있다.

통상외교정책도 완전히 탈바꿈해야 한다. 달러를 버는 일에 최선을 다해야 한다.

● 통상을 돕는 외교를 해야 한다.

현 정부 들어 일본과의 외교는 극단으로 치닫고 있다. 일본은 우리나라 수입액의 10%, 수출액의 5%를 차지하는 나라로 무역에서 차지하는 비중이 결코 작지 않다. 특히 소재, 부품, 장비 분야에서의 일본 의존도가 커서 일본과의 무역분쟁은 무역액 이상의 영향을 미칠 수밖에 없다.

뿐만 아니라 미국과의 외교도 위태로운 상황이며, 그렇다고 중국과의 통상환경 또한 결코 유리하게 전개되지 않고 있다. 이들 세 나라의 수출액은 우리나라 전체 수출액의 44%나 된다.

장사하는 사람은 사업에 지장을 주는 악질고객이 아닌 한 손님을 가려 받지 않는다. 무역에 외교가 지장을 주어서는 안 된다. 자존심이나 우발적인 실수가 양국 간의 무역에 지장을 초래하게 되는 것은 어리석은 일이 아닐 수 없다. 물론 우리가 중국의 희토류나 중동의 석유(이것도 미국의 세일가스로 상당히 무력화되긴 했지만), 미국 등 선진국의 곡물과 같이 상대방의 숨통을 쥘 수 있는 핵심자원이 있다면 모르겠지만 반대로 무역을 하지 않으면 국가가 유지될 수 없는 우리나라는 반드시 무역을 돕는 외교, 무역을 고려한 외교를 해야 한다.

그래서 외교통상부는 통상외교부로 바꾸고, 통상을 우선으로 한 외교정책을 펴야 한다.

● 달러가 달러를 벌게 하라

로버트 기요사키가 쓴 《부자 아빠 가난한 아빠》(2001, 황금가지)에서 말하는 부자가 되는 가장 기본적인 전략은 자본이 수익을 창출하게 하는 것이다. 결국 우리나라가 장기적으로 부요한 국가가 되기 위해서는 우리나라의 금융자산이 달러를 벌어오게 해야 하는 것이다.

자본은 수익률이 높은 곳으로 이동하게 되어있다. 우리나라의 수익률이 낮으면 해외의 수익률이 높은 투자처로 이동한다. 그러나 이러한 해외투자가 규제로 인해 방해받고, 수익률에 우선으로 하지 않는 정부정책 하에서 투자결정이 이루어지게 된다면 수년 간 계속된 무역흑자로 늘어난 금융자산은 국내의 부동산 가격을 올리게 하여 기업환경을 나쁘게 만들거나 수익률이 낮은 금융상품에 투자될 수밖에 없다.

2019년 10월 1일자 한국경제신문에 보도된 일본과 한국의 해외 금융투자 통계가 우리나라의 투자의 문제를 여실히 보여준다.

일본의 연기금, 금융회사 등이 지난해 해외에서 벌어들인 투자소득(배당+이자소득)은 2,971억 달러였다(2018년 기준). 외국인 투자자가 일본에서 벌어간 1,072억 달러를 계산할 때 해외 금융투자를 통한 순투자소득은 무려 1,899억 달러에 달했다. 2,971억 달러, 1,899억 달러는 우리나라의 2018년 수출액 6,052억 달러의 49%, 31%에 달한다. 그래서 일본이 무역수지에서 적자를 보더라도 일본경제는 든든히 유지되는 것이다.

그러나 우리나라의 지난해 순투자소득은 일본의 1/45 수준인 42억 달러에 그쳤으며, 전체 경상수지 흑자에서 차지하는 비중도 5.6%로 미미한 수준이다.

그러므로 우리나라 금융자산의 해외투자를 막는 규제를 없애고, 해외투자를 촉진할 수 있도록 투자에 대한 세금을 경감하는 등의 정책을 통해 해외투자를 늘여야 할 것이다.

● 해외 자본 유치를 장려해야 한다

이 글은 2019년 9월 16일자 조선일보에 실린 임정욱 센터장(스타트업얼라이언스)의 글을 거의 원문 그대로 차용한 것이다.

한국의 '유니콘(기업가치가 10억 달러 이상인 비상장기업을 가리키는 말: 저자 註)' 스타트업은 쿠팡, 크래프톤, 옐로모바일, 우아한 형제들, 비바리퍼블리카, L&P코스메틱, 위메프, 야놀자, 지피클럽 등 9개다. 위메프를 제외한 나머지 회사들의 공통점은 해외 투자자들이 투자해 유니콘이 됐다는 점이다.

이를 두고 "국부 유출 아니냐", "해외 자본이 한국의 유망 스타트업에 투자해 큰 수익을 올린 뒤 소위 '먹튀'하는 것 아니냐" 등의 시각이 있지만 해외 자본의 국내 스타트업 투자는 순기능이 훨씬 많다.

첫째, 유니콘 스타트업들은 해외 자본이 투자해줬기 때문에 유니콘이 됐다. 보통 수십억원 단위의 투자를 하는 한국의 벤처캐피털은 몇 백억원에서 천억원 단위로 이뤄지는 유니콘 스타트업 단계의 투자에 참여하기 어렵다.

둘째, 해외 자금이 수혈됐기 때문에 스타트업들이 더 공격적으로 성장을 꾀할 수 있었다. 더 많은 직원을 고용하고 사무실과 공장을 늘리고 마케팅을 강화한다. 그러면서 한국 경제 발전에 기여하게 된다. 작은 스타트업이 대기업에 맞서서 싸울 수 있는 것도 해외 투자자가 만들어준 자금력 때문이다.

셋째, 해외 자본 덕분에 기업 가치가 올라 창업자와 초기에 투자한 한국 벤처 투자자들이 돈을 벌 수 있었다. 해외 자본이 나중에 들어오면서 창업자와 초기 투자자들의 지분을 사주는 경우가 많기 때문이다. 초기에 실패 위험을 감내하고 도전한 대가를 보상받는 셈이다. 자금 여유가 생긴 창업자나 투자자들은 다시 좋은 초기 스타트업을 찾아서 재투자에 나서게 된다. 선순환이 생기는 것이다.

해외 투자자 입장에서 생각해 보면 큰 위험을 감수하고 한국 스타트업에 투자하는 그들도 투자한 회사가 기대한 성장을 보여주지 못하면 손실을 입게 된다. 또한 투자한 회사가 상장하거나 매각돼서 투자금을 회수하기 전에는 그 돈을 빼가지도 못한다.

미국 유니콘의 성장 스토리도 마찬가지다. 우버는 2009년 샌프란시스

코에서 설립된 스타트업으로, 이 회사가 약 80조원 몸값의 유니콘이 되는 데는 8조원을 투자한 일본 소프트뱅크가 큰 역할을 했다.

중국을 대표하는 IT 기업인 알리바바와 텐센트도 해외 자본의 역할이 결정적이었다. 소프트뱅크는 지난 1999년 알리바바에 약 2,000만 달러를 투자했다. 남아프리카공화국의 내스퍼스는 2001년 텐센트에 3,200만 달러를 투자했다. 해외 투자자가 투자한 돈은 이들이 성장하는 데 밑거름이 되었다.

한국 기업 생태계가 활력을 되찾기 위해서 더 많은 유니콘 기업이 필요하다. 해외 투자자들이 국내 스타트업에 투자를 많이 한다는 것은 그만큼 매력적인 기업이 늘어나고 있다는 청신호다. 해외 자본이 한국 기업에 투자해 좋은 결과를 얻고 또 유망 스타트업이 계속 한국에서 나온다면 벌어간 돈보다 더 많이 계속 투자하게 될 것이다. 반대로 '국부 유출'이라는 단기적 시각으로 문을 닫는다면 우리 스타트업들이 유니콘 회사가 될 기회는 오히려 줄어들 것이다.

12.

복지정책의 혁신

　우리나라는 고령화가 전 세계적으로 유래를 찾을 수 없을 만큼 급속하게 진행되고 있으면서 동시에 출산율 감소 또한 세계적인 기현상일 정도로 심각하다. 내년이나 후년부터 우리나라의 인구는 감소될 전망이며, 무엇보다 경제활동을 하고, 어르신들을 부양할 수 있는 젊은이의 비중이 급격히 줄어드는 것은 우리나라의 미래를 불안하게 만드는 가장 큰 요인이다.

　또한 여러 가지 이유로 남의 보호를 필요로 하는 아동들도 늘어나고 있다. 교육부 통계에 따르면 유치원에서 고등학교에 재학 중인 발달장애 학생은 2014년 6.6만 명에서 2018년 7.1만 명으로 꾸준히 증가하고 있다. 학생이 줄어들고 있는 것을 감안하여 계산해 보면 4년간 발달장애 학생의 연평균 증가율은 4.4%에 달한다. 과거에는 대가족제도였고, 마을단위의 자연스런 공동육아가 가능했으므로 양육과정에서 발달장애가 적었다. 그러나 이제는 가족단위의 육아가 보편적이 된데다 부모가 모두

지나치게 바쁘거나 부부사이가 온전치 못해 육아환경이 나쁜 경우가 많기 때문에 발달장애를 겪는 아동은 늘어날 수밖에 없다.

대가족 제도가 보편적이었고, 이웃 간의 소통과 협조가 미풍양속이었던 과거에는 정부가 감당해야할 복지도 크지 않았으나 이제는 노인문제, 발달장애자 문제 등은 죄다 정부의 복지영역으로 넘겨지고 있다. 그러나 부담의 크기가 너무 급격하게 증가하고 있어 근본적인 대책이 시급한 실정이다.

현재와 같이 일인당 복지금액을 증가시키는 것은 결코 지속가능한 해결책이 아니다. 일인당 복지금액을 하향시킬 수 있는 방안과 기술을 개발해야 한다.

● 정보통신기술을 활용하여 복지금액을 절감하라

거동이 불편하거나 홀로 생활이 어려운 분의 상황을 파악하고, 그분들의 필요를 돕기 위한 시설이 늘고 있고, 이러한 일에 종사하는 분들이 급증하고 있다. 물론 사람의 따스한 손길이 제공되는 것이 바람직한 것이겠지만 비용 측면에서도, 인력공급 측면에서도 지속가능하지 않은 해결책이다. 정보통신기술을 이용하여 인력과 비용을 줄일 수 있도록 해야 한다.

고령화 문제를 우리보다 먼저 겪은 일본이 노인을 돕는 일에 로봇활용을 확대하고 있는 것처럼 우리나라도 요양로봇의 개발에 많은 투자를 해야 한다. 뿐만 아니라 거동이 불편한 분들의 상태를 파악하기 위한 센서를 개발하고, 이러한 센서들과 연계된 인공지능 플랫폼으로 노인의 문제를 신속히 파악할 수 있는 기술이 개발되어야 할 것이다. 문제를 파악하는 데서 나아가 또한 그들의 필요를 채움에 있어 사람의 도움을 줄일 수 있는 기술도 개발되어야 한다. 발음이 좋지 않은 노인이나 발달장애자의 음성을 듣고 해석할 수 있는 음성인식 기술의 개발과 그들의 요구에 따라 집안의 가전제품이나 각종 기기들이 작동할 수 있도록 하는 기술의 개발이 필요할 것이다.

고령화 문제를 해결하는 기술의 개발에는 정보통신기술 전문가, 의사, 복지사 등 많은 사람들의 협력이 필요하며, 개발된 기술의 인증과 실제 적용에도 많은 시간이 소요되는 만큼 막대한 비용이 소요된다. 그러므로 이러한 분야에는 정부의 과감한 예산 투입이 필요하다. 동시에 이러한 기술의 적용을 쉽게 할 수 있도록 관련된 규제를 재정비하는 작업도 이루어져야 할 것이다.

이러한 기술의 개발은 전 세계의 공통된 과제이므로 투자에 대한 보상은 충분할 것이며, 국제기구와의 협력을 통한 해결도 가능할 테니 고령화 문제가 심각한 우리나라에서 선제적으로 투자하는 것은 좋은 선택이 될 수 있다. 이러한 기술개발을 통해 일인당 투입되는 인력과 비용을 대폭 줄이지 않으면 우리는 조만간 큰 재앙을 겪을 수밖에 없다.

●바우처를 이용한 복지제도를 고민하자

도시에는 생활이 어려운 분들을 돕기 위한 무상급식 내지는 정부의 예산이 투입되는 저렴한 비용의 급식이 제공되는 곳이 많다. 필자가 지역에서 봉사활동을 한지 5년째가 되어 가는데, 이러한 활동은 점차 증가하고 있고, 이용하시는 어르신들도 꾸준히 늘고 있다. 이 또한 복지예산의 증가를 가져온다.

더 큰 문제는 지역의 식당에 손님이 줄어든다는 것이다. 취사를 집에서 하지 못하는 가정이 늘어난다면 지역의 식당에 손님이 늘어야 하는데, 이러한 급식 서비스로 인해 식당들은 더욱 어려움을 겪게 된다. 자신들이 세금을 내서 복지예산이 지불되는데, 그 예산이 식당의 매출에 나쁜 영향을 주게 되니 바람직한 현상은 아니다.

만약 어르신들이 이러한 서비스의 이용을 줄이고, 근처의 저렴한 식당을 이용하신다면 식당의 매출도 늘고, 복지예산도 크게 늘어나지 않을 것이다. 이들 중 많은 분이 노령연금이나 기초연금을 받고 계시는데, 이러한 연금의 일부를 식당에서 사용할 수 있는 바우처로 지불하는 방안을 고민했으면 한다. 그렇게 된다면 지역의 식당에 손님이 늘게 되고, 노인급식에 투입되는 예산도 줄어드니 일거양득이다.

물론 연금을 식대에 전혀 지불할 여력이 없는 분들도 계실 테니, 바우처의 비중을 신중히 결정해야 하겠지만 지역경제도 살리고, 복지예산도 절감할 수 있는 방안으로 연금의 일부를 바우처로 제공하는 방안을 검토해 볼 것을 제안한다.

●노블리스 오블리주를 유도하는 정책을 쓰자

어르신 중에는 남의 도움을 받아야 하는 분도 많지만 기분 좋게 도움을 사양할 수 있는 분도 많고, 오히려 남을 돕고자 하는 어르신도 많다. 경제적으로 어려움을 겪는 분 중에는 남의 도움으로 살아가는 분이 계시지만 도움을 거부하고 스스로 살아가는 삶을 원하는 분도 있고, 나아가 보다 어려운 처지에 처한 남을 돕고 사는 분들도 있다.

충북 음성에 있는 노숙인, 장애인 및 노인 복지시설인 꽃동네에 가면 "얻어먹을 수 있는 힘만 있어도 그것은 주님의 은총입니다"라는 글귀가 있다. 꽃동네는 남의 집을 다니며 구걸한 음식을 아예 거동을 할 수 없는 걸인들에게 나눠주어 그들을 먹여 살렸던 최귀동이란 분의 삶을 본 오웅진 신부가 감동받아 지은 시설이다.

즉 나이를 기준으로, 소득을 기준으로 도움을 받을 처지에 있지만 도움을 사양하거나 더 어려운 분들에게 도움이 전달되기를 원하시는 분들이 많다면 복지예산이 줄어들 뿐 아니라 훈훈한 미담이 될 수 있을 것이다. 보편적 복지는 멀쩡한 사람마저 구제의 대상으로 보는 바람직하지 않은 제도이다. 반면 선별적 복지는 무자격자를 골라내는 일이 만만치 않은 노력과 비용이 든다는 문제가 있다. 결국 사람을 믿지 못하는 데 문제의 핵심이 있다.

노블리스 오블리주를 유도하는 정책을 제안한다. 도움을 받을 수 있는 처지에 있지만 그것을 정중하게 사양할 수 있는 멋진 권리를 행사할 수 있도록 하고, 그런 권리를 행사하시는 분들께 명예를 드리는 것이다.

대중교통을 이용할 때 경로우대를 받을 수 있지만 국가에 부담을 주지 않기 위해 무임승차를 사양하는 분, 기초노령연금을 받을 수 있지만 나라의 미래를 위해 연금수령을 사양하는 분, 나라에서 지원되는 각종 혜택과 권리를 남에게 양보하는 분들께 명예를 선사하는 것이다. 국가에서 착한가게를 표창하고, 홍보하는 것처럼 이분들께 명예를 선물함으로써 그러한 선행을 유도할 수 있을 것이다.

예를 들어 잘 도안된 로고를 인쇄한 주민등록증을 드린다거나 주민등록증을 황금색으로 코팅해 드릴 수 있다. 스윽 수첩에서 주민등록증을 꺼낼 때 주위의 사람들이 '이 분 멋진 분이구나' 우러러 볼 수 있게 하면 좋지 않을까. 누릴 수 있는 권리를 죄다 행사하는 분보다는 국가와 후손을 위해 자신의 권리를 내려놓는 분들이 이 사회에 많아진다면 복지예산의 증가로 어려움에 처해질 것이 분명한 우리나라의 미래에 큰 희망이 될 뿐 아니라 그러한 선행을 본받는 주위의 사람이 많아지고, 그것을 자랑스러워하는 자녀손들이 많아진다면 사회가 더욱 밝아질 것이다.

● 공동생활을 유도할 수 있는 법적인 지원을 하자

도움이 필요한 분들은 급증하고, 이분들을 도울 수 있는 사람도 줄고,

예산도 무한히 늘일 수 없다면 공동생활을 통해 문제를 해결할 수 있다. 공동생활을 하는 경우 필요한 비용이 줄어들기 때문에 복지예산의 절감이 가능해진다. 실제로 이러한 시도는 전국적으로 많이 확산되는 것으로 알고 있다. 어르신들 입장에서도 생판 모르는 사람들의 도움을 받는 것보다 이웃들과 함께 도우면서 살아가는 것을 선호할 것이다.

그런데 공동생활 시설로 인정받기 위해 필요한 요건을 요양시설 수준과 동등하게 한다면 비용감소는 어려울 수밖에 없다. 다소 시설이 미비할 수 있고, 이들을 돕는 인력이 부족할 수 있지만 함께 생활하려는 분들의 의지를 확인하고, 서로 도울 수 있는 상태가 된다면 공동생활 시설로 인정함으로써 외부의 추가적인 비용을 줄일 수 있는 효과적인 방안을 모색해야 한다.

우리나라의 높은 종교인구 비율을 감안할 때 종교시설을 이용한 공동생활도 좋은 해결책이 될 수 있을 것이다. 또한 여러 이웃들이 함께 하는 공동육아와 같이 여러 이웃을 함께 묶어줌으로써 추가적인 시설이 없이도 공동생활의 효과를 얻을 수 있도록 하는 방안도 좋은 제도가 될 수 있다.

13.

의료정책의 혁신

　의료기술이 발달하지 않았던 과거에는 병명이 무엇인지도 제대로 모른 채 죽거나 설사 알더라도 치료법이 없어 젊은 나이에 죽는 경우가 많았다. 그러나 이제는 질병에 대한 거의 완벽한 이해와 의술의 발달로 사고나 극단적인 선택이 아닌 한 질병으로 죽을 가능성은 거의 없어졌다. 그러다보니 우리나라 국민의 평균 기대수명은 2017년 기준 82.7년으로 일본에 이어 전 세계 2위의 장수국가이며, 이러한 기록도 매년 0.3년 정도 길어지고 있는 추세다.

　수명이 늘어날 때 반드시 늘어나는 것이 의료비다. 실제로 고령화와 의료기술의 발전으로 인해 노인 진료비가 감당할 수준을 넘어설 정도로 급증하고 있다. 건강보험 노인진료비는 2009년 총진료비의 32%인 12조에서 2018년에는 총진료비의 41%인 32조로 늘어났으며, 65세 이상 노인 1인당 연간 진료비도 2009년 257만원에서 2018년 454만원으로 급증했다. 전 세계적으로 자랑할 만한 수준이던 우리나라의 건강보험 제도도 폭발적인 의료수요 증가를 감당하지 못해 엄청난 세금이 투입되어야 할 지경이다.

결코 지속가능하지 않은 대한민국의 의료 시스템이자 건강보험 시스템이다. 의료정책의 획기적인 변화가 시급히 요구된다.

● 원격진료를 허용하자

필자가 KT에 근무하던 2010년 KT 종합기술원과 분당서울대병원이 공동으로 '만성창상관리, 천식관리, 경도인지장애, 심전도 관리' 등 총 4개 분야에 대해 원격진료 기술을 연구하였다. 연구결과도 좋았고, 반응도 좋았지만 상용화된 기술은 없었다. 원격진료에 관한한 국내 의료계가 극구 반대하고 있기 때문이다.

[그림] kt-분당서울대병원 연구결과 시연회(필자는 뒷줄 가운데)

미국 포춘지는 의료산업 내 4차 산업혁명의 주요 흐름의 첫 번째로 원격진료를 제시했으며, 해외에서는 다양하고도 획기적인 원격진료 기술이 개발되고, 실제로 적용되고 있다. 그러나 우리나라에서는 의료법을 근거로 원격진료를 강력하게 막고 있다.

원격진료를 우려하는 의료계의 상황도 일면 이해가 가지만 현재와 같은 의료비 증가추세를 해결하기 위해서는 원격진료를 포함한 다양한 의료분야의 혁신이 반드시 필요하다. 복지분야에서 설명한 공동생활이 늘어난다고 볼 때 이 분들이 있는 곳에서 의료진을 원격으로 만날 수 있도록 하는 기술과 서비스가 반드시 제공되어야 한다. 설사 우리나라 의료법으로 원격진료를 금지한다고 하더라도 스마트 단말기를 이용한 해외 의료기관으로부터의 원격진료는 충분히 예상할 수 있는 일이다.

세계적으로 가장 뛰어난 우리나라의 의료기술을 생각한다면 원격진료에 대한 투자는 세계의 환자들을 우리나라로 유치할 수 있는 좋은 기회가 된다. 뿐만 아니라 원격진료를 통해 축적된 데이터는 더 좋은 원격진료 시스템을 만드는 기반이 되므로 늦은 출발은 그만큼 향후 의료분야에서 우리나라가 뒤처지게 만드는 우를 낳게 될 것이다.

몸이 불편한 어르신들이 대중교통을 이용하고, 진료를 위해 병원 이곳저곳을 이동하는 것도 쉽지 않은 일이며, 이들을 돕기 위한 비용증가 또한 무시할 수 없다.

● 시스템 진단과 처방을 허용하자

포춘지가 4차 산업혁명 시대에 의료산업의 주요 흐름으로 원격진료에 이어 두 번째로 설명한 것이 '알고리즘 의학'이었다. 즉 인공지능에 의한 진단과 처방이다.

2016년 IBM의 인공지능 시스템 왓슨이 가천대 병원에서 암진단에 활용된 이래 국내 종합병원에서는 앞 다투어 암진단에 왓슨의 도입을 실시하고 있다. 인공지능은 암진단뿐 아니라 X-레이, CT, MRI 등 영상검진, 유전자 분석, 질병의 예측 등에서 인간에 비해 탁월함을 드러내고 있다. 인공지능 분야에서 획기적인 진전인 머신러닝(machine learning)은 데이터를 통해 스스로 학습하기 때문에 데이터가 늘어날수록 인공지능의 성능은 획기적으로 개선된다.

실제로 2017년 겨울, 중국에서 인공지능 로봇이 의사면허 필기시험의 커트라인인 360점보다 100점이나 높은 456점을 얻었다는 기사도 있다. 진단과 처방에 있어 사람보다 인공지능이 우위를 보이는 분야가 늘어나고 있으며, 이러한 추세는 더욱 심화될 전망이다.

그러므로 이제 시스템에 의한 진단과 처방을 허용할 때가 되었다. 의료사고를 염려해서 최종 의사의 판단이 필요할 수 있겠지만 의사보다 훨씬 뛰어난 인공지능이 진단과 처방이 틀렸다고 할 의사는 그리 많지 않을 것이다. 결국 인공지능의 판단을 100% 의사가 수용하게 된다면 의사의 마지막 판단은 불필요해진다. 의료행위에 있어 인공지능의 도입과 함께 상당한 분야의 위임은 불가피해 보인다.

　만약 우리나라에서 시스템에 의한 진단과 처방을 적극 도입하지 않는다면 결국 의료 데이터의 부족으로 우리나라 의료분야의 인공지능의 역량은 떨어질 수밖에 없고, 언젠가는 외국의 인공지능 엔진에 우리의 몸을 맡겨야 하는 불상사가 생길 것이다. 또한 의사의 최종판단으로 인해 비용이 증가하고, 국내 의료 인공지능의 성능이 떨어지게 된다면 장차 국내 병원을 찾던 환자들이 해외로 떠나게 될 것이다. 검진전문 병원에서 검진한 데이터를 해외의 인공지능에게 보내고, 해외의 인공지능이 처방한 약을 국제 택배로 받는 것은 지금도 충분히 가능한 일이다.

　피할 수 없는 방향이라면 우리가 선제적으로 대응하는 것이 4차 산업혁명 시대를 이기는 유일한 방법이다.

● 유전체 정보의 활용을 확대하자

　많은 질병은 유전되는 경우가 많으며, 이러한 질병은 유전체 분석을 통해 소상히 파악할 수 있다. 이 때문에 수십억 개의 염기서열(유전자는 '아데닌. 티민. 구아닌. 시토신'의 네 가지 염기가 서열을 이루어 유전정보를 저장: 저자 註)을 분석하여 유전적인 특징을 파악하고, 질병에 대한 정보를 알아내는 유전체 분석 산업은 선진국을 필두로 엄청나게 성장하고 있다. 실제로 시장조사 기관인 'Grand View Research'는 유전체 분석 시장이 2018년 85억 달러에서 2025년 197억 달러로 연평균 12.8%로 빠르게 성장할 것으로 예측했다.

유전체 분석을 위한 기술에도 엄청난 진보가 있어 과거에는 개인의 유전정보를 해석하기 위해 막대한 비용이 들었으나 분석장비와 서비스의 발전으로 이제 100달러로 유전체 분석이 가능하게 되었으며, 조만간 단돈 10달러만으로도 유전체 분석이 가능해질 것으로 예견되고 있다.

유전체가 수십억 개의 염기서열로 이루어져 있고, 유전에 영향을 받는 질병이나 신체 특질이 수없이 많은 만큼 제대로 된 유전체 분석을 위해서는 반드시 많은 유전체의 분석이 선행되어야 한다. 즉 유전체의 어떤 정보가 어떤 질병에 영향을 미치는지 알기 위해서는 많은 정보를 분석(빅데이터 분석)할 필요가 있으며, 보다 많은 유전체 분석을 한 회사가 보다 정확한 해석과 예측을 할 수 있게 된다.

우리나라에는 개인정보 보호라는 이유와 섣부른 적용을 우려하는 의료계의 부정적인 시각으로 인해 유전체 분석이 선진국에 비해 늦어지고 있어 심각한 우려를 낳고 있다. 유전체 분석기술의 축적은 향후 질병의 진단과 의약품의 개발, 유전병 치료 등에 많은 영향을 미치는 만큼 보다 적극적인 대응이 필요하다.

유전체 등록을 장려하고, 이를 질병의 진단과 치료에 활용할 수 있도록 한다면 치료와 투약의 오남용을 줄일 수 있을뿐더러 의료비 절감에도 크게 기여할 수 있을 것이다.

●건강정보를 관리하자

사람의 몸은 유전체의 영향도 받지만 후천적인 생활습관, 운동, 영양상태, 생활환경에도 많은 영향을 받는다. 그러므로 사람의 평소 생활에 관한 정보와 함께 신체정보를 잘 기록하여 저장한다면 그 사람의 건강상태를 보다 잘 분석할 수 있고, 질병을 조기에 진단할 수 있을 것이다.

요즘은 스마트폰, 스마트워치 등이 개인의 운동상황, 맥박 등을 기록하고 있고, 스마트 저울은 몸무게뿐 아니라 신체의 체지방 정보 등 다양한 정보를 기록해 준다. 이러한 정보를 체계적으로 관리하도록 유도하고 이를 질병의 진단에 활용하도록 한다면 개인의 건강을 보다 잘 돌볼 수 있다. 물론 건강에 영향을 미치는 수많은 정보와 질병의 관계를 규명하기 위해서는 유전체 분석과 같은 빅데이터 분석이 필요하다. 보다 선제적으로 많은 정보를 축적하고, 분석하는 것이 보다 뛰어난 진단과 예측 서비스를 제공할 수 있는 것이다.

이러한 정보의 측정과 관리를 병원에서 다 할 수 없기 때문에 이를 지원할 수 있는 플랫폼을 도입하고, 이러한 플랫폼과 병원을 연결함으로써 병원에서 진단할 때 환자의 과거 건강정보를 참고할 수 있도록 해야 한다. 질병을 보다 정확하고, 보다 신속하게 진단할 수 있다면 이 또한 의료비 절감에 획기적으로 기여할 것이다.

보건복지부에서는 2010년 건강관리서비스 제도의 도입을 추진하며 건강관리서비스 활성화 포럼을 개최한 바 있다. 이 때 30명의 위원을 위촉

하였는데, 필자도 위원으로 참석하여 토론회에 참석하곤 했다(사진). 그러나 당시 건강정보 관리의 주체가 누가 되어야 하는가에 대해 갑론을박하다 결국 아무런 진전이 없이 포럼은 종료되고 말았다.

그러나 이제는 더 이상 늦출 수 없다.

[그림] 건강관리서비스포럼 위원(필자는 오른쪽에서 다섯 번째)

14.

국방정책의 혁신

　출산율의 저하로 인한 병역자원 감소 문제가 심각하다. 국방부 발표에 의하면 2017년 35만명 수준이던 병역의무자는 2025년 23만명 수준으로 떨어지고, 2037년 이후에는 20만명 이하로 줄어들 것으로 예상된다. 복무기간 단축은 이러한 문제를 더 심각하게 만들 것이다.

　이런 문제를 해결하려다 보니 현역판정 비율이 높아질 수밖에 없다. 1986년에는 병역자원의 51%가 현역판정을 받았는데, 2010년에는 91%에 달하고 있다. 결국 과거에는 신체등급이 조금 떨어지거나 심리적으로 안정되지 못한 젊은이들은 현역병으로 징집되지 않았으나 지금은 거의 대부분의 젊은이가 현역 판정을 받다보니 군에서 각종 불미스러운 사건이 일어나는 근본적인 이유가 된다.

　그러나 이제는 현역판정 비율 조정으로도 대처하기 어려운 심각한 상황이 되었다. 뿐만 아니라 자녀수가 줄어들고, 편안한 환경에서 자라난 젊은이들이 군대 환경에 제대로 적응하지 못하는 등 많은 문제가 생겨나고 있다.

　국방정책에 있어서도 획기적인 변화가 시급하다.

● 기술군으로 바꾸자

　인공지능과 로봇의 시대가 되었다. 적을 탐지하는 것도, 적에게 무기를 발사하는 것도 사람보다 기계가 판단하고, 행동하는 것이 훨씬 빠르고 정확하니 전투현장에 사람이 투입되는 것보다 전투에 최적화된 로봇이나 무인 드론의 활용은 급격히 증가할 전망이다. 인구가 줄어드는 우리에게는 참으로 다행한 일이 아닐 수 없지만 그보다 인명피해를 줄이고, 전투를 이기기 위해서도 첨단 정보통신기술로 만들어진 무인 탐지장치와 무인 전투장치로 대체하는 것이 시급히 요구된다.

　정보통신기술을 이용한 무기체계의 무인화는 병역자원 감소 대처, 인명피해 감소, 전투력 강화의 효과도 있지만 우리나라 과학기술을 한 단계 업그레이드 시킬 수 있는 효과적인 방법이 된다. 무기체계가 상대방을 겨냥한 것인 만큼 무기체계의 도입에 극도의 보안이 필수적이며, 이 때문에 국방연구개발에 대한 투자의 중요성은 아무리 강조해도 지나치지 않다.

　첨단 무기체계를 개발하는 과정에 습득된 기술력이 민수제품의 개발에 크게 영향을 미치는 경우가 많다. 전자레인지, 인터넷, GPS 등이 군에서 유래한 제품 내지 서비스인데, 이러한 것을 스핀오프(spin-off)라고 한다. 반대로 민간기술이 국방분야에 도입되는 것을 스핀온(spin-on)이라고 하는데, 이 두 가지 경우 모두 국가 산업발전에 크게 기여하게 될 것이다.

　남북한이 대치하고 있으며, 중국, 러시아, 일본 등 주변국들과의 관계에 있어서 우리 국방력을 효과적으로 강화하기 위한 수단인 동시에 우리나라 과학기술의 발전을 촉진하기 위해 첨단 기술군으로 대치하는 노력을 게을리 해서는 안 될 것이다.

●첨단 과학기술인력을 양성하자

이스라엘의 군을 강군으로 만들고, 이스라엘 과학기술을 세계적으로 만든 데는 '탈피오트(talpiot)'라는 복무제도가 있다는데 모든 사람들이 동의한다. 1970년에 도입된 탈피오트는 고등학교를 졸업하는 이공계 영재 50명을 선발하여 최첨단 군사장비 개발, 사이버전 대응을 할 수 있는 엘리트로 양성함으로써 개인과 국가에 긍정적인 효과를 주고 있다. 여기서 얻어진 기술력과 인적 네트워크는 향후 이들이 첨단기술회사를 창업하는 데 절대적인 공헌을 한다.

우리나라에서도 이를 본받아 국방부와 과학기술정보통신부가 함께 과학기술전문사관을 선발하여 국방과학연구소에서 연구개발을 하도록 하는 제도를 시행하여 2014년에 1기 후보생을 선발했다. 매년 이공계 분야 전체에서 20~25명을 선발하고 있으니 최우수 자원이라고 할 수 있을 것이다. 이들이 국방과학연구소에서 첨단연구에 투입되어 첨단무기체계에 대한 지식을 쌓고, 필요한 요소기술 개발을 할 수 있다면 이들 개개인을 통한 기술창업 활성화는 물론이고, 국방과학기술의 발전에도 크게 이바지할 것이다.

2020년에 첫 전역자가 배출되는데, 이들이 미칠 영향이 기대된다. 그러나 이스라엘에서 매년 50명을 선발하는 것에 비해 20여명의 숫자는 적은 감이 있다. 무기체계에 다양한 분야가 있는 만큼 후보생의 숫자를 더 늘릴 것과 함께 보다 과감한 투자와 높은 목표설정을 통해 이들이 실패를 두려워하지 않는 다양한 도전을 할 수 있는 국가인재로 성장할 수 있는 환경이 만들어지길 제안한다.

● 하사관 확대도 시급하다

2018년 7월, 군 복무기간의 단축이 시행되어 육군은 21개월에서 18개월로, 해군은 23개월에서 20개월, 공군은 24개월에서 22개월로 줄어들었다. 반면 군에 첨단 무기체계가 늘어날수록 무기체계의 조작을 배우고, 실전에 투입하는데 걸리는 시간은 늘어나고 있다. 무기체계의 복잡도는 증가하고, 복무기간은 줄어드니 무기체계의 오작동에 의한 사고도 자주 발생하며, 효과적으로 무기체계의 특성을 활용하지 못하는 문제가 발생한다.

군 복무기간을 다시 늘이는 것은 불가능한 만큼 이를 해결하기 위해서는 사병 위주의 군대가 아니라 하사관 위주의 군대로 재편하는 것이 필요할 것이다. 나아가 모병제의 도입, 여자 하사관 내지 장교 확대 등 다양한 대책으로 현재 군이 처한 문제를 해결할 수 있도록 하는 혁신적인 정책의 도입이 필요하다.

15.

농업정책의 혁신

고령화로 인해 큰 타격을 입는 분야로 농업을 들 수 있다. 우리나라의 농업은 전통적으로 많은 일손을 필요로 한다. 쌀농사, 밭농사가 그렇고, 과수재배가 그렇다. 그러다보니 농업에 종사하려는 젊은이들이 줄어들고, 인구감소와 함께 심각한 고령화로 나라 전체가 고통을 겪고 있다.

2018년에 발표된 시군구별 인구소멸 위험지역을 보면 전체 228개 시군구 중 78개 군이 소멸위험진입 지역이고, 11개 군은 소멸고위험지역으로 분류되어, 전체 시군구의 39%가 소멸위험 지역인 셈이다(그림 참고). 이 중 소멸고위험지역은 경북에 가장 많아 봉화군, 영양군, 영덕군, 청송군, 의성군, 군위군, 청도군으로 7개 군이나 되며, 경남이 합천군, 남해군, 전남이 고흥군, 신안군으로 각각 두 곳이 있다.

농업분야에도 과감한 혁신이 있지 않으면 농촌의 소멸뿐 아니라 우리의 먹거리 생산에도 심각한 타격이 될 것이다.

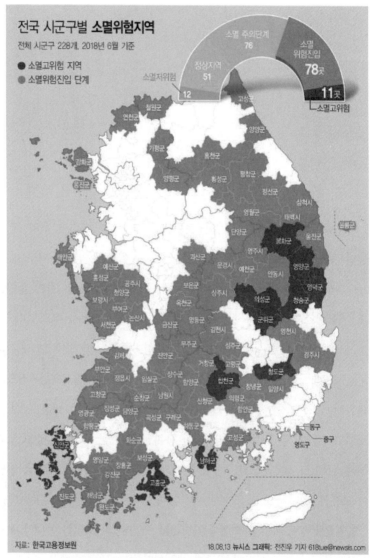

[그림] 전국 시군구별 소멸위험지역(뉴시스 이미지)

●스마트팜의 도입을 서두르자

필자가 KT 종합기술원에 근무하던 2011년 시설재배 환경을 원격에서 스마트폰과 스마트패드를 이용하여 관찰하고, 제어할 수 있는 '올레 스마트팜'을 개발하고 이를 사업화하려는 계획을 검토했던 적이 있다. 그러나 대기업이 농업분야로 진출할 때 반발을 우려하여 계획을 접어야 했다.

[그림] 올레 스마트팜을 사용하는 모습

그러나 이제는 농업인구가 급감하는 대신 사시사철 엽채류에 대한 수요는 증가하고 있다. 뿐만 아니라 요즘은 당일배송 서비스 등도 확산되면서 엽채류의 재배지는 반드시 도심과 가까운 곳에 위치해야 하는데, 부동산 가격의 폭등으로 일반적인 재배는 채산성이 맞지 않는다. 반드시 첨단화된 시설농에서 엽채류를 대규모로 재배하는 체재를 갖추지 않으면 안 된다. 무더위와 습기와 싸워야 하는 시설농을 첨단화함으로써 농업 환경을 개선할 뿐 아니라 데이터에 기반한 생산량 증대, 품질 향상 등을 도모해야 할 것이다.

이미 많은 농가에서 버섯, 피망, 토마토, 딸기 등의 재배에 스마트팜을 도입하고 있으며, 부분적으로 스마트팜을 도입하는 사례는 늘고 있다. 그러나 보다 과감하게 엽채류뿐 아니라 다양한 농식물의 재배에 스마트팜의 도입을 촉진하는 한편 영농사업자를 대형화하고 유통업체 및 소비자와의 네트워킹을 지원하는 스마트농업을 확산해야 할 것이다.

스마트팜에 대한 투자는 향후 농업환경이 열악한 중동이나 러시아, 중국 등지로 많은 수출의 기회, 인력진출의 기회를 만들 수 있으므로 스마트팜의 도입으로 발생할 수 있는 일부 농민의 어려움을 적극적으로 해소해 나가면서 신속하고 과감하게 추진해야 할 것이다.

● 재배수종을 개선하자

미국에서는 오렌지를 수확할 때 대형 트랙터가 오렌지 나무를 도리깨질 하듯이 훑어 나가면서 거대한 면적의 오렌지를 순식간에 수확한다. 또한 와인용 포도의 수확은 트랙터가 포도나무를 털듯이 흔들어 수확을 하기 때문에 수확하는 데 사람의 손이 필요하지 않다.

우리나라에서 재배하는 많은 과일, 즉 사과, 배, 감, 복숭아, 자두, 포도 등은 땅에 떨어지면 크게 손상을 입는다. 결국 일일이 사람이 손으로 따야 하는데, 농업인구가 줄어들면서 인건비가 상승하기 때문에 이러한 과일은 수확하기가 점점 어려워지게 될 것이다. 요즘도 시골에 가면 사람을 구하지 못해 수확을 포기한 채 매달려 있는 과일을 흔히 볼 수 있지만 이런 장면은 점차 늘어날게 뻔하다.

이제 우리나라도 재배와 수확에 들어가는 인력과 비용을 감안하여 재배수종을 개선해야 하고, 수확과 가공방법에도 많은 연구가 이루어져야 한다. 만약 송이포도의 수확에 비용이 많이 들어가서 더 이상 국내 생산의 채산성이 맞지 않다면 송이포도는 저임금 국가에서 수입을 하고, 우리나라의 포도는 가공용으로 사용하도록 유도한다거나 기계로 수확을 해도 상처를 입지 않는 품종을 개발하거나 재배방법을 개선해야 할 것이다.

농촌이 소멸하고, 농업인구가 더 고령화되면 먹고 싶어도 수확할 사람이 없어 먹을 수 없는 과일이 생겨날 것이고, 그 종류도 점차 늘어날 것이다.

●벼농사의 자동화를 추진하자

모판을 만들고, 모내기를 하고, 농약을 치고, 수확을 하고, 탈곡을 하는 등 많은 과정을 거쳐 쌀이 만들어 진다. 쌀을 만드는데 모두 88번의 작업이 들어가기 때문에 쌀 미(米)자가 팔십팔(八+八)을 겹쳐 만들어졌다는 말이 있을 정도다.

과거 쌀만 주로 소비하던 때는 쌀의 증산이 중요한 과제였고, 정부의 가장 큰 숙제였다. 그러나 1980년 133kg이던 일인당 쌀 소비량이 2018

년에는 61kg으로 줄어들었고, 감소 추세는 계속 이어지고 있다. 농가인구가 급격히 줄어드는 오늘날은 단위 면적당 수확량을 늘리는 노력보다 단위 생산량당 인력의 투입을 줄이는 연구를 해야 한다.

많은 일손이 가는 모내기를 없애고 수확량이 다소 떨어지더라도 직파농법(모내기 대신 물이 담긴 논에 직접 볍씨를 뿌리는 농법: 저자 註)으로 바꾸거나 아예 밭벼(논 대신 밭에서 자라는 벼: 저자 註)로 품종을 바꾸도록 해야 하며, 파종과 방제(농약살포), 시비(비료 주기) 등의 작업을 드론이나 헬기로 할 수 있어야 한다. 일일이 벼의 생육상태를 눈으로 파악하는 대신 드론 촬영을 통한 영상분석으로 벼의 상태를 파악하고, 필요한 방제와 시비작업을 자동으로 할 수 있도록 해야 할 것이다.

또한 자동화의 효과를 크게 하기 위해 보다 넓은 지역에서 단일 품종을 재배하도록 경지정리와 재배품종의 조정을 유도하여야 할 것이다.

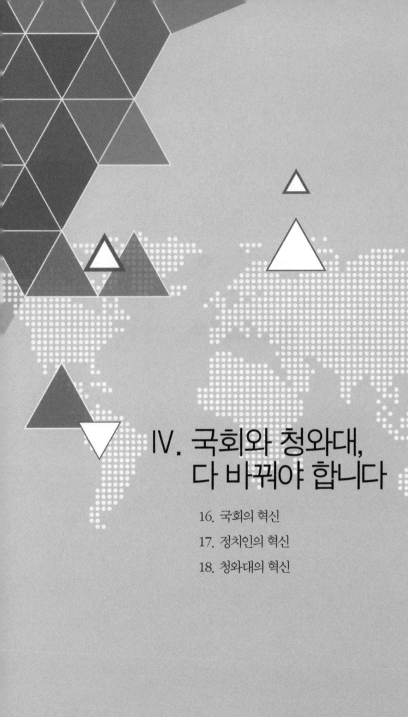

IV. 국회와 청와대,
다 바꿔야 합니다

IV.
국회와 청와대,
다 바꿔야 합니다

16.

국회의 혁신

어디를 가도 과도한 규제가 문제다, 규제를 없애야 한다라고 말한다. 정권이 바뀔 때마다, 선거가 있을 때마다, 대책회의를 할 때마다 늘 듣는 이야기다. 규제 전봇대를 뽑겠다, 손톱 밑 가시를 뽑겠다, 규제 샌드박스를 만들겠다 등 규제철폐를 약속하는 대통령의 결의도 대단했지만 그럼에도 불구하고 규제는 줄어들고 있지 않을 뿐 아니라 오히려 새로운 규제가 속속 만들어지고 있다. 그렇다면 왜 규제가 줄어들지 않을까?

● 규제를 필요로 하는 그룹이 있다

제일 큰 원인은 규제를 필요로 하는 그룹이 있기 때문이다. 가장 큰 그룹은 새로운 경쟁자의 진입을 막으려는 기존 산업계다. 특히 국토가 좁고, 해외로 사업을 확장하는 것이 쉽지 않은 반면 인구는 많고, 교육열마저 높은 우리나라는 새로운 경쟁자 내지 잠재적으로 경쟁이 될 수 있는 세력에 대해 불안해할 수밖에 없다.

네거티브 규제와 포지티브 규제에 대해서도 이제 많은 사람이 알고 있다. 금지된 것 외에는 모두 허용하는 네거티브 규제, 예를 들어 U턴이 금지된 곳 이외에서는 U턴이 허용되는 규제를 말한다. 반대로 허용된 것 이외에는 모두 금지하는 포지티브 규제, 같은 예로 U턴이 허용된 곳 이외에서는 U턴을 금지하는 규제를 가리킨다. 물론 우리나라에서는 U턴이 허용되지 않은 곳에서 U턴하다가는 범칙금을 낼 수도 있다.

포지티브 규제는 혹시 모를 잠재 경쟁자의 출현을 막는 효과를 낸다. 예를 들어 자전거와 오토바이가 허용되었다면 둘을 제외한 전기자전거, 전동휠 등 다양한 탈것은 모조리 불법이 되기 때문에 자전거 관련 산업과 오토바이 관련 산업은 안정적인 사업을 할 수 있다. 전기자전거, 전동휠 등이 합법적으로 운행하기 위해서는 관련법을 추가해야 하는데, 새로운 법령이 만들어지는데 시간도 많이 걸릴 뿐 아니라 이 법을 만들 때 기존 자전거와 오토바이 업계의 입장이 반영된 법이 만들어질 수밖에 없기 때문에 기존 산업은 대응할 시간을 충분히 가질 수 있게 된다.

만약 네거티브 규제 하에서는 전기자전거, 전동휠을 금지하는 법이 만들어지기 전까지는 무조건 허용되기 때문에 자전거, 오토바이 산업에 막대한 타격을 줄 수 있다. 새로운 산업의 규모가 커지고, 다양한 문제가 발생하면 그 때서야 이를 규제하는 법이 만들어지지만 이 법은 기존 산업의 입장을 반영한 법이 되기 어렵다.

규제를 필요로 하는 또 하나의 그룹은 기존 규제체제가 틀어질 때 타격을 입는 사업자들이다. 동일한 사업권 내에서도 규모에 따라 세부적인 형태에 따라 서로 경쟁을 하게 된다. 원격진료를 막으려는 작은 규모의 병원이 있을 수 있으며, 해외 의료진의 국내진입을 막거나 영리병원을 막으려는 시도 등이 그러한 예가 될 것이다. 또한 농산물 유통에 있어서 도매법인, 중도매법인의 갈등도 있으며, 의사와 한의사 사이의 갈등, 약사와 편의점 간의 갈등, 유치원과 어린이집 사이의 갈등도 있다.

규제를 원하는 또 다른 그룹은 규제를 관리감독하는 기관들이다. 정부조직이거나 정부로부터 위탁을 받은 기관들인데, 규제로 인해 유지되는 조직들이 규제를 없애는 법의 제정 내지 개정을 반대하고 있다. 지방자치제가 되면서 규제를 만드는 기관은 지방정부들도 만들고 있어서 규제의 그물망은 점점 더 촘촘해지고 있다.

이념적으로 규제를 요구하는 그룹도 있다. 빅데이터 산업의 활성화를 위해서는 금융거래정보, 의료정보, SNS사용정보 등 개인정보의 활용이 필수적인데, 이러한 정보의 사용 내지 유통을 극렬히 반대하는 진보적인 시민단체가 많이 있다. 물론 과거 개인정보를 장악한 정부가 개인의 인권을 침해한 사례가 많았지만 언제까지나 과거에 있었던 나쁜 경험을 이유로 미래를 규제할 수는 없다.

언론도 규제를 늘어나게 만드는 그룹 중 하나다. 사고가 발생하면 언론은 정부의 무능과 무사안일을 질타하며 새로운 규제를 만들 것을 요구한다. 공무원들에게 그러한 비난기사가 불편할 거라고 생각하겠지만 그 반대일 수 있다. 새로운 규제를 만들게 되면 이를 관리감독하는 기구가 만들어지게 될 것이고, 예산과 조직이 늘어나게 되니 마다할 이유가 없다.

이렇게 많은 그룹에서 규제의 유지를 원하거나 새로운 규제의 도입을 원하고 있으니 규제가 줄어드는 것은 요원한 일이 아닐 수 없다. 그런데 더 큰 구조적인 문제가 있다.

● 규제를 만드는 정치

국회에는 국회의원의 의정활동을 감시하고, 평가하는 시민단체들이 있다(지방의회에도 같은 일을 하는 기구들이 존재하지만 여기서는 국회만 예로 들겠다). 세금을 쓰는 국회의원이니 마땅히 그들의 활동을 일거수일투족 살피며 평가해야 한다고 생각한다. 대개 이들 단체가 국회의원을 평가할 때 입법활동, 회의 출석률, 대정부 질의횟수 등을 보는데, 법안을 얼마나 발의했고, 몇 개나 통과되었는지를 보는 입법활동을 가장 중요하게 본다. 일면 그럴 듯하지만 이 때문에 국회가 규제를 늘리는 마지막 그룹이 된다.

새로운 법을 많이 만들어야 뛰어난 국회의원으로 평가받게 되는 국회의원은 사건사고가 일어날 때마다 새로운 법안을 만들 생각을 하게 될 것이다. 또한 공무원이나 특정 그룹에서 새로운 법에 대한 아이디어를 가져오면 환영할 수밖에 없다. 보수냐 진보냐에 따라, 또 국회의원에 따라 새로운 규제에 대한 의견이 다를 수 있으므로 새로운 규제를 만들려고 하는 그룹은 그 규제를 지지할 국회의원을 찾아가게 된다. 이래저래 규제는 많아진다.

그렇게 해서 산업이 어려워지고, 국민들이 고통스러워하면 정부와 국회는 또 일을 한다. 진흥법과 육성법, 지원법을 만든다. 진흥원을 만들고, 육성과 지원하는 조직을 만든다. 제정하는 법안이 늘어나니 좋고, 조직이 늘어나니 좋다. 누이 좋고, 매부 좋은 격이다.

진흥과 육성을 정부가 나서서 하면 당장은 효과적인 것 같지만 정부가 정하는 방향을 좇아야 하며, 정부의 성과를 위해 일을 해야 하니 그 산업은 왜곡되고, 장기적인 성공을 거두기 힘들게 된다. 그러므로 진흥과 육성 또한 최소한이 되어야 하며, 진흥정책은 가급적 일몰제로 운영하여 조기에 기업들이 그 역할을 전적으로 담당할 수 있도록 해야 한다.

● 규제폐지를 유도하는 국회의원 평가 제안

물론 우리나라의 법체계를 시급히 포지티브 규제에서 네거티브 규제방식으로 바꾸어야 한다. 이러한 법체계의 전면적인 변화가 쉽지는 않을 것이며, 비용 또한 엄청나게 소요될 것이다. 그러나 그럼에도 불구하고 우리나라의 미래를 위해, 아니 몰락하고 있는 현재의 문제를 해결하기 위해 법체계의 변화에 대해 반드시 본격적인 논의를 시작해야 한다.

나아가 필자는 의정활동을 감시하고, 평가하는 시민단체에게 제안한다. 법안을 발의하고 통과시키는 활동보다 기존의 규제를 얼마나 많이 없애는가, 불필요한 법을 얼마나 많이 없애는가에 훨씬 많은 가중치를 두어 국회의원을 평가했으면 한다.

만약 법을 발의하는 것보다 법의 폐지를 제안하는 것이 훨씬 높은 평가를 받는다면 국회의원은 기존 법을 뒤지며 어떤 법을 없앨까 고민하고, 관련 공무원, 그룹들과 어떤 법과 규제를 없앨까 아이디어를 모을 것이다.

언론에서도 우리나라의 발전은 기업의 성장을 통해 이루어질 수 있음을 인지하고, 다소의 문제가 있을 수 있지만 산업의 성장을 막는 규제의 철폐를 끊임없이 주장하고 요구하여야 한다. 국회의원의 친기업적인 입법활동은 오히려 칭찬해야 한다.

기업이 살아야 나라가 산다. 과감히 규제를 철폐함으로써 우리나라 기업이 성장하고, 외국의 뛰어난 기술을 가진 기업들이 몰려들 수 있는 나라를 만들어야 한다.

17

정치인의 혁신

유럽이나 중동, 그리고 중국에서 변화를 수용하지 못한 국가는 이민족에게 가차 없이 정권을 빼앗겨야 했다. 그렇기 때문에 항상 주변국의 동태를 주시하고, 이에 대비하는 변신을 거듭할 수밖에 없었다. 그러나 위로 거대한 중국에 막혀있고, 삼면은 바다로 둘러싸인 우리나라는 스스로 변화할 필요가 없었다. 단지 중국의 변화에만 관심을 가졌고, 중국을 통해 세계를 이해해야 했다. 그러다보니 중국으로부터 권위를 인정받은 국왕과 중국의 주류 학문을 받아들인 상류층은 안정적인 국정을 영위할 수 있었던 것이다.

그러다보니 우리나라는 장유유서가 큰 힘을 발휘한다. 어른과 아이의 토론이 있을 수도 없지만 설혹 다소 논쟁이 오가더라도 "어린 게 뭘 안다고", "어린 것이 건방지게"라는 한 마디에 모든 토론은 끝이 난다. 이러한 장유유서의 원칙이 기존 질서를 유지하는 데는 큰 도움이 되지만 변혁이 필요한 시기에는 엄청난 걸림돌이 된다.

갑자기 장유유서를 이야기하는 이유는 나이를 이야기하려고 함이 아니라 지위를 말하고자 함이다. 나이가 어리더라도 판사나 검사를 영감이라고 부르고, 국회에서는 국회의원을 영감이라고 부른다. 물론 영감의 사전적인 뜻은 "급수가 높은 공무원이나 지체가 높은 사람을 높여 부르는 말"이지만 요즘은 나이가 든 사람을 영감이라고 부르는 것이 사실이다. 그러니 영감님인 국회의원의 말에 토를 다는 것은 불경한 짓이 된다. 물론 젊은이들의 말에 귀를 기울이고, 그들의 의견을 소중하게 받아들이는 국회의원들도 많이 있다. 그러나 자신의 선입견을 고집하며, 다른 사람의 소리에 귀 기울이지 않거나 자신과 가까운 사람의 소리만 청취하고, 폭넓은 소리를 수용하지 않는 분들도 많은 것이 사실이다.

국회는 우리나라의 방향을 결정하는 곳이다. 그러므로 가장 신중하고, 지혜롭게 판단 내려야 한다. 특정 계층이나 직종의 이해를 대변하는 노력도 필요하지만 장기적으로 국가의 흥망에 미칠 영향을 숙고함으로써 때로 자신이 속한 정당의 주장에 대해서도 반대의 목소리를 낼 수 있어야 하고, 자신이 대변해 왔던 분들과 반대되는 의견도 낼 수 있어야 마땅하다. 4차 산업혁명 시대에 규제철폐의 필요성에 대해서는 열변을 토하다가도 자신의 이해관계가 걸린 분야로 오면 오히려 기득권을 보호하는 규제 법안을 만들어 내는 것은 결코 바람직하지 않다.

정치인도 혁신해야 한다. 스스로 혁신하지 않으면 유권자가 정치인을 혁신할 것이다.

● 4차 산업혁명 시대를 이해하는 정치인

물론 개념으로는 얼마든지 4차 산업혁명 시대를 설명할 수 있다. 그러나 4차 산업혁명 시대를 이해한다고 하면서 오히려 시대를 역행하는 주의 주장을 하는 분들이 많다. 혁신의 필요성을 강조하면서도 과거에 매인 법안을 고집한다.

4차 산업혁명 시대를 설명할 수 있는 첫 번째 키워드는 '변화의 속도'다. 그냥 속도가 아니라 무서운 속도다. 이러한 속도를 따라잡기 위해서는 며칠, 몇 달씩 밤을 새워야 할 때도 있고, 직원을 뽑았다가 여의치 않으면 해고할 수도 있어야 한다. 고용의 유연성을 가로막아 변화에 제대로 대응하지 못하게 하는 입법은 우리나라를 4차 산업혁명 시대의 후진국으로 만드는 결과를 낳는다는 것을 명심해야 한다. 물론 그 과정에서 피해자가 발생할 수 있으나 피해자를 돕는 다른 방안을 찾아야지 변화를 방해하는 입법은 하지 않아야 한다.

4차 산업혁명 시대의 두 번째 키워드는 '데이터의 중요성'이다. 보다 많은 데이터를 분석할수록 인공지능의 성능은 뛰어나게 된다. 그러므로 데이터의 생성과 활용을 장려하는 입법이 어느 때보다 중요하다. 개인정보 보호라는 미명으로 정보의 생성과 활용을 원천적으로 금지하거나 어렵게 하는 입법은 우리나라의 인공지능을 쓸모없이 만드는 나쁜 결과를 낳는다. 정보의 유출로 발생할 수 있는 문제를 방지하는 방법을 모색하되 그것이 빅데이터의 활용을 가로막아서는 안 된다. 그러나 2018년 11월 빅데이터 활용을 촉진하기 위해 데이터 3법(개인정보 보호법, 정보통신망법, 신용 정보법을 가리킴: 저자 註)의 개정안이 발의되었으나 책을 마지막 탈고하는 2019년 12월 중순 현재 본회의 상정도 되지 못한 상태로 20대 국회에서 의 법안 개정이 쉽지 않아 보인다. 참 안타까운 일이다.

4차 산업혁명 시대의 세 번째 키워드는 '창의성'이다. 정해진 절차와 관련 자료를 암기하고, 이에 따라 판단하고, 결정을 내리는 것은 인공지능의 몫이고, 로봇의 몫이다. 창의성을 가로막는 어떤 교육제도나 양육에 관련된 규정도 4차 산업혁명의 성공을 막을 뿐 아니라 피교육자를 4차 산업혁명 시대에 실패자로 만들게 된다. 그러므로 과연 이러한 제도가 창의성에 도움이 되는가, 그렇지 않은가를 판단하고 창의성에 유리한 환경을 만드는 입법활동을 하는 정치인이 되어야 한다.

4차 산업혁명 시대의 네 번째 키워드는 '융합'이다. 융합에는 학문 간의 융합, 산업 간의 융합, 정부부처 간의 융합이 있으며, 나아가 국가 간의 교류와 협력, 외국 인재의 영입 등 다양한 형태의 융합이 필요하다. 융합을 가로막고, 기존의 질서를 지키려고 하거나 교류를 방해하는 어떠한 입법이나 정책도 4차 산업혁명의 성공을 가로막는 일이다. 융합을 저해하는 규제를 철폐하고, 융합을 유도하고, 융합의 시너지를 창출할 수 있는 입법활동을 하는 정치인이 되어야 한다.

●다양한 분야의 전문가가 모인 국회

20대 국회의원의 전공을 살펴보면 법학, 행정학 전공자 96명, 정치외교 전공자 29명, 경상계열 전공자는 49명, 인문사회학 전공자는 62명, 사범계열은 11명, 예체능 3명이었다. 이과 계통은 모두 37명인데, 사범대의 이과계열을 포함하면 39명이며, 이 중 의약계열 10명을 제외하면 이과계열은 전체 국회의원의 10%도 되지 않는 29명이다.

자연과학분야, 공학분야를 좀 더 자세히 정리해 보면, 물리학과 6명, 토목공학과 5명, 전자공학과 2명, 건축공학, 기계공학과 2명, 전자계산학과, 산업공학과, 천문학과, 화학공학과, 환경공학과가 각 1명으로 모두 20명에 불과하다. 특히 4차 산업혁명과 관련된 정보통신기술 분야의 전공은 전자공학과, 전자계산학과, 산업공학과를 통틀어 고작 4명 뿐이다. 물론 사회에서 다양한 경험을 했기 때문에 대학에서의 전공만으로 그 사람의 전문성을 논하기는 어렵지만 현재의 국회가 4차 산업혁명 시대를 감당해내기에는 부족하다.

이제 각 정당에서도 4차 산업혁명 시대를 제대로 이해하고, 적극적인 입법활동을 할 수 있는 정보통신분야의 전문가를 적극 영입하고, 그들의 역량을 극대화할 수 있도록 해야 한다.

또한 국회의원의 절대 다수가 전문 정치인, 법조인, 관료출신으로 이루어져 있는 것 또한 4차 산업혁명 시대에는 바람직하지 않다. 대기업, 중견기업, 중소기업 출신 정치인들도 있어야 하고, 벤처기업가, 소상공인 등도 국회의 구성원이 되어야 하며, 대학생, 육아를 담당하는 주부, 어르신, 직업군인, 다문화 가정 등 다양한 계층의 사람에게도 국회의 문이 열려 그들의 목소리를 신속하게 반영할 수 있도록 해야 할 것이다.

● 경청하고 공부하는 정치인

4차 산업혁명 시대를 설명하는 또 하나의 키워드는 '불확실성'이다. 불확실성에 대비하는 방법은 계속 공부하고, 전문가의 말을 경청하는 것이다. 국회 내에 많은 스터디 그룹이 생기고, 치열한 토론이 이루어져야 한다. 국회 정책세미나에서 축사를 하고, 기념사진만 찍은 후 자리를 떠나는 정치인은 필요가 없다. 자리를 지킬 정치인에게 축사를 시켜야 하며, 기념사진도 정책세미나가 끝날 때 찍은 걸로 사용하는 것이 좋겠다. 괜히 실적을 위해 국회의원이 몇 명 참석했느니 홍보하지 말고, 어떤 국회의원이 끝까지 남아 있었는지, 어떤 정치인이 어떤 좋은 제안을 했는지를 기록하고 홍보해야 할 것이다.

또 경청해야 할 그룹은 4차 산업혁명 시대를 이끌어갈 젊은 세대의 말과 한국의 4차 산업혁명을 도울 수 있는 외국인의 목소리를 경청하는 것이다. 젊은 세대들이 왜 창업하지 않고, 도전하지 않는지, 왜 외국의 우수한 인력들이 한국을 찾지 않는지, 왜 외국의 자본과 기업들이 한국에 투자하지 않는지 끊임없이 묻고, 문제를 수정해야 한다.

18

청와대의 혁신

우리나라는 관이 기업을 가르치려고 한다. 과거 일본은 대장성을 필두로 한 정부가 일본 산업계의 나아갈 방향을 계획하고, 지시함으로써 일본의 고도성장을 이루었으며, 그 결과 일본이 미국의 경제를 어렵게 만들기까지 했다. 그러나 1990년대 들면서 업무 재설계(Business Reengineering) 운동을 통해 미국 기업들이 정보통신기술을 이용하여 업무 프로세스를 완전히 혁신하면서 미국의 경쟁력은 단숨에 일본을 따라 잡았다. 반면 일본은 관료의 경직된 자세와 정부가 주도하는 산업정책으로 인해 일본 기업의 유연한 대응을 불가능하게 했고, 결국 장기 침체의 길을 걷게 되었다. 결국 대장성은 2001년 조직 개편으로 분할되어 재무성과 금융청(내각부 외국)으로 분할되었다. 재무성이 이전의 대장성과 같이 국가예산 계획 등에 영향력은 가지지만 편성권은 '경제재정자문회의'로 넘겨졌고, 금융행정은 금융청 관할이 되었다.

우리나라의 경제성장도 일본의 모델을 따른 것이었다. 전후 완전히 망

가진 국가를 다시 세우기 위해 박정희 대통령은 1962년부터 네 차례에 걸친 "경제개발 5개년 계획"을 수립하고, 정부주도의 개발정책을 강력히 시행하였다. 박정희 대통령 사후 1982년부터는 "경제사회발전 5개년 계획"으로 이름을 바꾸어 1996년까지 정부주도의 경제성장을 추진하였다. 또한 IMF 사태 이후 정부주도의 혁신이 이어졌고, 김대중 정부에서 정보통신기술을 집중육성함으로써 반도체, 스마트폰 등이 수출 주력제품으로 성장할 수 있는 기반을 만들었다.

그러나 지금은 4차 산업혁명 시대다. 과거 정부가 주도하여 경제성장을 이루었던 모델은 유효하지 않다. 변화의 속도가 너무 빠를 뿐더러 변화의 방향을 가늠하기도 힘든 4차 산업혁명 시대에 예산의 기획에서 집행에 2년이나 소요되는 정부의 일하는 방식은 어울리지 않는다. 뿐만 아니라 많은 국내 기업의 역량은 세계 최고수준에 다다랐으며, 전 세계 기업으로부터 소재와 부품, 장비를 유통하고, 사업 모델을 결합해 가는 오늘날 정부의 참견은 오히려 기업을 불편하게 할 수밖에 없다.

청와대도 혁신해야 한다.

●대통령은 기업에 입을 닫고, 귀는 열어라

이제 대통령이 기업을 방문하여 훈수를 두는 일은 멈춰야 한다. 혹시 실수하지 않기 위해 기업으로 하여금 정답을 써오게 하여 그 글을 읽는 것도 번거롭고, 기업의 자율성을 침해하긴 마찬가지다. 왜냐하면 청와대의 눈치를 봐야 하는 기업은 대통령의 입맛에 맞는 연설문을 제시할 수밖에 없다.

그래서 부탁한다. 이제 대통령은 기업에 입을 닫아야 한다. 물론 비리와 불법에 대해서는 강력하게 경고하고 싶기도 하고, 잘하는 일에 덕담을 하고 싶기도 하겠다. 그러나 기업에 경고를 하는 정부부처는 많이 있으며, 덕담 또한 특정한 방향을 선호한다는 견해를 밝히는 것이 될 수 있기 때문에 바람직하지 않다.

대신 대통령은 기업가의 목소리에 귀를 기울여야 한다. 그들의 어려움을 듣고, 그들이 원하는 지원책을 들어야 한다. 물론 토론을 할 수도 있다. 이 때도 사전에 기획된 토론회가 아니라 자유로운 의견개진이 보장된 토론이어야 할 것이다. 대통령이 기업에 잔소리하기 위한 토론회가 아니라 기업의 애로사항을 청취하고, 애로사항을 해결하는 방안을 모색하는 토론회가 되어야 한다.

그리고 그들이 말한 애로사항을 해소할 수 있는 방안을 열심히 고민하고, 필요한 경우 국회의 도움을 얻어 규제를 철폐하며, 필요한 지원을 하는 그러한 정부가 필요할 때다.

● 수첩과 A4 용지, 프롬프터는 그만 보자

국민들은 수첩만 읽던 대통령, A4 용지에서 눈을 떼지 못하는 대통령에 많은 실망을 느꼈다. 다른 나라 대통령과의 연설에서 상대방은 자연스럽게 대화를 이어나가는데, 우리나라 대통령은 A4 용지를 읽고 있는 모습은 국격을 떨어뜨리는 것이고, 국민을 부끄럽게 하는 일이다. 물론 연설은 프롬프터를 보면서 할 수 있겠지만 토론에서 프롬프터를 의존한다면 말도 안된다.

스마트폰을 쓰면서 전화번호를 기억하지 못하게 되는 것처럼 남이 써준 것을 읽게 되면 중요사안에 대한 이해가 없어지게 된다. 그런 대통령은 인의 장막에 둘러싸이게 되며, 진짜 국민의 목소리를 들을 수 없게 되고 국민의 뜻을 이해할 수 없게 된다.

대통령이라면 토론회와 관련한 주요 사안을 숙지하고, 그에 대한 충분한 이해를 한 후 토론회에 임해야 할 것이다. 물론 그 정도는 되는 사람을 대통령으로 뽑아야 하겠지만.

● 성공한 기업가를 중용하라

돈을 벌려면 부자와 친하라는 말이 있다. 국가가 잘 살려면 대통령이 성공한 기업가, 경제 전문가를 수시로 만나고 이들을 중용해야 한다. 물론 기업가의 말에 부화뇌동(附和雷同)하라는 뜻은 아니다. 기업가들이 자기 기업의 이익을 우선적으로 고려할 테니 마땅히 이들의 주장을 다른 시각에서 검증해야만 한다.

분명한 것은 기업가의 말을 경청하라는 것이다. 고르디우스의 매듭은 손으로 푸는 것이 아니라 칼로 베어버려야 한다. 콜럼버스와 같이 계란을 깨뜨려 세울 수도 있다. 이런 혁신적인 발상은 대개 기업가들의 몫이다. 왜 내 차가 있어야 하는가, 왜 호텔이 있어야 하는가, 공기저항을 없애고 기차가 달릴 수는 없을까, 왜 로켓은 재활용을 못하는가? 등 유쾌하고, 혁신적인 질문들은 혁신적인 기업가에게서 비롯한 것들이다.

마이크로소프트, 구글, 애플, 페이스북, 아마존, 넷플릭스, 테슬라, 우버, 에어앤비, 스페이스X, 블루 오리진 등 이름만 들어도 흥분되는 이들 기업들의 일하는 방식, 생각하는 방식을 듣고, 배우고, 정부를 바꿔 나가야 한다.

이제 세계 일류가 된 기업을 이류 정부나 삼류 정치가 간섭해서는 안 된다. 그들을 배워야 한다.

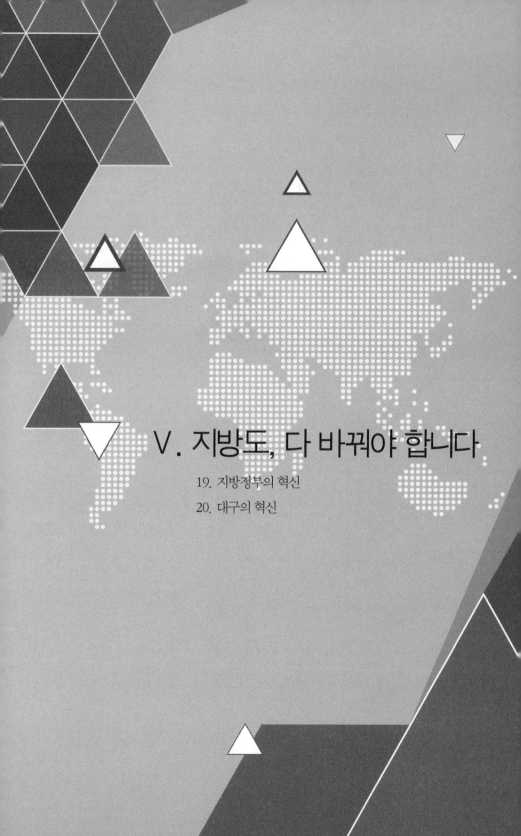

V. 지방도, 다 바꿔야 합니다

V.
지방도,
다 바꿔야 합니다

19

지방정부의 혁신

규제양산은 중앙정부만의 문제가 아니다.

우리나라는 지방자치를 시행하고 있다. 지방자치란 중앙정부의 일상 행정의 부하를 덜어주고, 국민의 정치의식을 향상시키며, 도시집중을 방지하고, 정당정치의 저변확대를 기하여 지방 엘리트를 양성하고, 효율적인 산업화의 원동력이 되는 등 중앙집권 경향에서 파생되는 병폐를 감소시키고 정치경제적인 발전을 촉진시킨다는 관점에서 대부분의 국가에서 실현하고 있는 제도이다. 우리나라에서도 1995년 지방선거 때 광역의회, 기초의회, 광역자치단체장, 기초자치단체장을 선출함으로써 본격적인 지방자치를 시작하게 되었다.

이러한 지방자치는 많은 장점을 가졌지만, 지방자치가 토호세력과 결탁하고 지역 이기주의가 기승을 부리게 되는 경우 지방의 혁신을 가로막게 되는 결과를 낳는다. 무분별한 사업시행이나 과도한 님비현상(NIMBY, 'Not in my backyard'란 말의 약자로 혐오시설이 자기 지역으로 오는 것을 반대하는 현상:

저자 註), 핌피현상((PIMFY, 'Please in my front yard'란 말의 약자로 NIMBY와는 달리 지역에 도움이 되는 시설을 적극적으로 유치하려는 현상: 저자 註)으로 국가의 자원이 분산되고, 효율이 떨어지게 되는 문제를 낳게 된다.

4차 산업혁명 시대에 지역이 발달하기 위해서는 과감하게 지역 산업구조를 혁신해야 하며, 국내 다른 지역은 물론이고 세계와 소통하며 경쟁력을 강화하는 노력을 기울여야 한다. 뿐만 아니라 교육자치도 이루어지고 있는 만큼 4차 산업혁명 시대의 인재를 양성하기 위한 교육혁신도 병행해야 할 것이다.

전국적으로 우후죽순 세워지는 혁신도시와 기술중심대학은 우수한 인재를 분산시키고, 집중화에 의한 시너지를 방해하기 때문에 결과적으로 4차 산업혁명 시대를 역행하는 결과를 낳게 된다.

지방정부도 혁신해야 한다.

● 지역주의를 버려야 한다

과도한 님비현상은 혐오시설의 건설비를 증가시키고, 엄청난 행정력을 혐오시설의 건축에 쏟게 만들며, 지역 간의 심각한 갈등을 부르게 된다. 방사능폐기물 처리장을 짓기 위해 2003년 전북 부안군 위도면 건설이 검토되다가 거센 반발에 밀려 12년이나 지난 2015년에 경북 경주시 양북면에 건설이 완료되어 운용하게 된 것은 대표적인 사례의 하나라고 할 수 있다. 장애인 시설의 건립을 막는 소식 또한 우리 주위에서 흔히 볼 수 있는 일이다.

반대로 핌피현상 또한 지역 간의 갈등을 유발하며, 효율적인 정책의 집행을 방해한다. 핌피현상을 해결하기 위해 큰 사업을 작게 쪼개어 나눠주거나 여러 곳에 중복된 투자를 하는 경우가 빈번한데 결과적으로 사업의 효율을 떨어뜨리는 효과를 낳는다. 막대한 국민연금을 운용하는 국민연금공단이 전주시로 이전하면서 역량 있는 투자전문가의 유치가 어려워졌다는 것은 대표적인 비효율의 사례다.

지역마다 들어서는 혁신도시는 혁신의 효과를 떨어뜨릴 수밖에 없다. 이름만 혁신도시이지 정부 예산으로 세워진 번듯한 공공건물이 지역의 혁신을 견인할 수 없다. 마찬가지로 지역마다 설립되는 기술중심대학 또한 학령인구의 감소를 감안할 때 결과적으로 개별 대학의 수준을 떨어뜨려 경쟁력 있는 연구를 하기 어렵게 만드는 비효율을 낳는다.

미국 실리콘 밸리로 몰려드는 우수한 인재와 자본이 만들어내는 시너지가 전 세계의 혁신을 선도하고 있음을 감안할 때 혁신의 에너지를 전국토로 흐트러뜨리는 것은 결코 지혜롭지 못한 선택이다.

국가가 살아야 지방도 산다.

● 지역토호의 비호를 막자

지역의 유력인사가 철도나 고속도로의 도시 관통을 막아서 지역발전이 늦어졌다는 이야기나 반대로 지역 유력인사의 입김으로 도로 모양이 이상하게 되었다는 이야기가 많다. 그러나 이런 이야기는 과거 이야기만은 아니다. 지역의 토호세력들이 자신들의 기득권을 유지하기 위해 조례를 만들어 지역의 역동성을 막는다면 지역의 발전은 저해될 수밖에 없을 것이다.

반대로 토호세력의 이익에 도움이 되는 사업에 많은 예산이 투입되거나 지방정부의 에너지가 투입되어야 한다면 이 또한 지역 예산이 효과적으로 집행되지 못하게 되어 지역발전이 방해받게 된다.

일부 토호세력에 휘둘리지 않는 행정과 정치가 되도록 해야 한다. 말은 쉽지만 실제로는 많은 걸림돌이 있다. 토호와 언론이 결합되는 경우 문제의 해결은 난망하다.

그러나 토호에 휘둘리는 지방행정과 정치가 되면 그 피해는 다른 주민과 후대의 몫이 된다. 진정으로 지역을 아끼는 시민들의 적극적인 행동이 유일한 해결책이다.

● 부동산 가격 상승을 다시 생각하자

특정지역의 부동산 가격이 폭등한다는 소식이 그 지역의 발전을 의미하며, 지역민의 자산이 늘어나는 것임에는 틀림없다. 그러나 특정지역의 부동산 가격의 폭등은 결과적으로 그 지역의 투자효율을 떨어뜨리는 효과를 낳는다. 지역이 발전하려면 변화를 선도할 수 있는 새로운 산업에 대한 투자가 많이 이루어져야 하나 상대적으로 비싼 부동산 가격은 신규

사업을 하려는 기업가들에게는 불리한 요소로 작용한다.

4차 산업혁명 시대 이전에 있었던 성공으로 인한 지역의 발전보다는 4차 산업혁명 시대의 성공은 지역에 훨씬 큰 부와 유익을 줄 것이다. 그러나 과거의 성공이 미래의 성공을 방해한다면 그 지역은 조만간 낙후된 지역이 될 수밖에 없고, 과거 성공의 결과로 지역에 축적된 자산은 순식간에 다른 지역으로 옮겨가게 되거나 자산의 가치가 폭락하게 될 것이다.

미국이나 중국과 같이 국토 면적이 넓은 나라라면 특정 지역의 부동산이 오르면 새로운 다른 지역을 개발함으로써 지속적으로 새로운 산업의 유치를 도모할 수 있겠지만, 국토 면적이 작으면서 국토의 70%가 산악지역인 우리나라의 경우에는 결코 쉬운 일이 아니다. 더욱이 개별 지방자치 단체의 면적은 훨씬 적으니 대체 산업부지를 제대로 확보하기가 쉽지 않다.

결국 부동산 가격 상승은 일부 지주들에게 단기간에 부를 가져다주지만 다른 많은 주민들과 지역의 후손들에게는 엄청난 고통을 주는 결과를 낳게 된다는 점을 진지하게 생각해야 할 것이다.

● 지방행정의 비효율을 줄이자

4차 산업혁명 시대에 보편화된 손안의 인터넷 세계는 오프라인 은행도, 오프라인 상점도 어렵게 한다. 공유경제 또한 기존의 사업시스템을 흔들고 있다.

그런데 지방정부는 어떠한가? 해방 이후 우리나라의 지방행정체제는 큰 변화 없이 그대로 유지되어 왔다. 새로운 정보통신기술을 이용한 업무혁신을 통해 오프라인 조직을 대폭 줄이고, 업무를 간소화하는 지방행정의 혁신이 필요하다.

2018년 말 현재 인구 3만 명이 안 되는 군이 16개나 되고, 인구 3천 명 미만의 면이 602개나 되는데, 1년 전 각각 14개, 584개에 비해 2개, 18개나 늘어난 숫자다. 앞으로 인구감소와 농촌인구 감소로 인해 이 숫자는 더욱 늘어날 것이다. 이렇게 지나치게 인구가 적은 행정구역은 행정의 효율을 떨어뜨릴 수밖에 없다.

과거와는 비교할 수 없을 정도로 발달된 교통망, 과거에는 존재하지 않았던 인터넷 등 통신의 발달을 감안하여 획기적으로 지방행정체계를 바꾸어야 한다. 교통이 불편하고, 통신이 어렵던 시기에 주민을 밀착 지원하기 위해 필요했던 읍면동, 그리고 이를 통합한 시군구와 광역시도의 3단계 지방행정체제는 4차 산업혁명 시대에 맞게 2단계로 바뀌어야 한다. 읍면동을 대체하는 보다 넓은 면적, 많은 인구의 새로운 행정단위가 만들어지면 지역갈등도 대폭 줄고, 공공기관의 이용효율도 높아지며, 지방자치예산도 대폭 줄어들게 된다.

이렇게 되면 공무원의 숫자가 대폭 줄어들게 되는데, 이들 공무원은 복지공무원 등 대민 서비스를 위해 지속적으로 늘어나고 있는 복지공무원 등으로 재배치함으로써 공무원 숫자의 증가를 막을 수 있게 된다.

국토 면적의 12%를 차지하는 서울과 인천, 경기도의 인구가 전국 인구의 49.8%나 되며, 서울 송파구는 인구가 67만이나 되어 제주도의 인구를 넘는 수준으로 이러한 지방자치단체 간 심각한 인구편차 또한 해소되어야 할 문제다. 서울, 경기도와 같이 지나치게 인구가 많은 광역자치단체를 몇 개의 행정단위로 분할하여 자치단체 간 과도한 인구편차를 줄임으로써 행정의 효율을 기하고, 2단계 행정체제로의 변환을 가능하게 하는 기반을 마련해야 한다.

20.

대구의 혁신

필자가 태어나고 자란 대구, 부모와 친척들이 살아온 대구, 그리고 32년 만에 찾아와 봉사하고자 하는 대구. 대구도 지금 혁신을 강요받고 있다.

통계청이 발표한 2017년 기준 대구 GRDP(지역내총생산, Gross Regional Domestic Product의 약자로 특정지역의 총생산액을 가리킴: 저자 註)는 51조원이며, 이를 주민수로 나눈 1인당 GRDP는 2,060만원으로 1992년부터 26년째 전국 꼴찌다. 대구의 GRDP가 우리나라 GDP에서 차지하는 비중은 1987년 4.5%에서 1997년 3.8%, 2007년 3.3%, 2017년 2.9%로 꾸준히 줄어들고 있다.

2017년 기준 사업체 수는 21만 여개로 인천보다 많지만 사업체당 평균 매출액은 8.5억원으로 강원과 제주를 제외하면 사실상 전국 최하위 수준(15위)이다.

산업별로 살펴보면, 대구는 제조업이 전체 산업에서 차지하는 비중이

22%로 여타 광역시의 18%보다 높아 제조업 의존도가 높은 도시다(2016년 통계청 자료). 제조업 중에서는 과거 대구의 상징이었던 섬유산업은 비중이 줄어들어 제조업 분야 중 3위를 차지하고 있으며, 기계자동차부품산업, 금속광물 분야가 대구시 제조업 생산비중의 1, 2위를 차지하고 있다. 이 세 가지 분야를 합치면 대구 제조업 생산비중의 70%를 넘어선다.

그러나 이들 분야는 4차 산업혁명 시대에 접어들면서 전기자동차가 보편화되고, 소재분야의 혁신이 계속되면 심각한 타격을 입게 될 것이다. 또한 공유경제의 확산으로 자동차의 판매도 줄어들 가능성이 높으며, 조만간 현실화될 3D 프린터에 의한 자동차의 생산이 가능해진다면 기계가공 분야는 큰 위기에 처할 가능성이 높다. 반면 4차 산업혁명 시대를 이끌어나가는 전기전자 분야의 비중은 낮은 편이다.

제조업 전반을 볼 때 4차 산업혁명 시대에 대구의 미래는 그리 밝지 못하다. 대구의 제조업 전략이 혁신적으로 바뀌지 않으면 대구의 경제는 큰 위기에 빠지게 될 것이다.

같은 자료에서 서비스 분야를 살펴보면 교육서비스, 보건·사회복지 분야의 비중이 타도시에 비해 상당히 높은 편이다.

대구의 교육서비스의 비중이 높은 것은 대구의 교육열이 높을 뿐 아니라 대구와 대구와 동일한 생활권인 경산에 소재한 대학이 무려 24개나 되기 때문이다. 이 중 4년제 대학은 11개, 전문대학은 10개, 사이버대학이 3개다. 그러나 급감하는 취학연령을 생각할 때 대구의 대학 중 상당수는 학생수를 확보하는데 심각한 어려움을 겪을 것이다. 실제로 최근 몇 년 사이에 대구미래대, 대구외국어대, 경북외국어대, 아시아대가 폐교되었다. 결국 교육서비스의 미래도 밝지 않다.

보건·사회복지 분야의 비중이 높은 것은 수명 연장과 함께 정부의 복지정책 강화를 감안할 때 대구지역의 강점이 될 수 있다. 그러나 교통망의 영향으로 대구의 의료인구가 수도권으로 빼앗기고 있고, 대구의 인구 감소의 영향 등을 감안할 때 새로운 혁신이 유발되지 않으면 보건·사회복지 분야에서도 어려움을 겪을 가능성이 높다.

이런 다양한 현황들을 살펴볼 때 대구의 미래는 밝지 못하다. 아니 솔직히 말해 어둡다.

대구도 혁신되어야 한다.

● 5+1 신성장 산업분야를 확실하게 추진하자

민선 5기에 이어 6기 대구시장을 역임하고 있는 권영진 시장은 4차 산업혁명 시대의 대구의 미래 신성장 산업으로 자동차, 물, 의료, 로봇, 에너지와 스마트시티의 5+1로 규정하고, 이들 분야를 중심으로 대구의 산업구조를 개편하겠다고 밝혔다.

자동차 분야에서는 자율주행 자동차, 전기자동차를 조기에 확산할 전략을 추진 중이며, 물 분야에서는 2019년 5월 한국물기술인증원을 유치하고, 국가 물산업클러스터를 완공하는 등 대구가 세계적인 물산업 허브도시로 도약하고 있다. 또한 의료 분야에서는 대구의 외국인 환자가 비

수도권 최초로 3년 연속 2만명을 돌파했고, 대구 동구에 조성된 첨단의료복합단지에는 현재 129개 의료기업과 뇌연구실용화센터 등 국책기관이 들어섰다. 로봇 분야에서는 로봇산업 인프라스트럭처 강화로 세계 7대 로봇기업 중 ABB, 야스카와, 쿠카, 현대로보틱스 등 4개 기업을 유치했으며, 에너지 분야에서도 대구의 신재생에너지 보급률이 5%를 넘어 광역시 중 1위를 차지했고,, 향후 에너지 자립도시로 발돋움할 계획을 가지고 있다.

또한 대구는 현재 조성 중인 수성알파시티를 세계 최고 수준의 스마트시티로 조성하고 있으며, 2018년 5G 기반 스마트시티 서비스 실증사업 선정, 스마트시티 국가전략프로젝트 연구개발 실증도시 선정 등 스마트시티를 위한 도약을 강력하게 추진 중이다.

이 중 로봇을 제외한 나머지는 개인이나 기업이 초기 수요를 창출하기 힘든 분야로 공공수요를 통해 산업의 타당성을 검증하고, 경쟁력을 키워 세계로 도약해야 하기 때문에 대구와 같이 혁신이 필요한 지방자치단체가 선택하기 좋은 전략이라고 할 수 있다. 반면 로봇 분야는 로봇 기업의 유치에 그치는 것이 아니라 혁신적인 목표를 수립하고, 이를 달성하기 위한 산학연 연계를 추진하는 한편 인력확보 지원, 투자유치 지원을 통해 세계수준에 비해 뒤처진 역량을 조기에 강화하는 전략을 세워야 한다.

이러한 신성장 산업의 성공에는 일관되고 지속적인 투자와 지원이 필요하지만 모든 분야가 성공할 수는 없기 때문에 무한정 지원하는 것도 바람직하지 않다. 매년 말 여섯 개 분야의 추진성과와 글로벌 트렌드 분석

작업을 통해 지원의 지속성 여부와 지원규모의 크기를 신축성 있게 조절해야 한다. 또한 그렇게 함으로써 여섯 개 분야 간 선의의 경쟁이 가능해지고, 보다 큰 성공을 이끌어낼 수 있을 것이다.

● 대구경북 통합신공항 건설을 신속히 추진하자

대구국제공항의 국제선 이용객은 2014년 22만명이었는데, 2018년에 205만명으로 폭발적으로 늘어나고 있다. 그러다보니 공항은 포화상태로 주차시설부족 등 많은 문제를 낳고 있다. 또한 공항 활주로가 2,700m로 짧아 장거리 취항이 가능한 대형 비행기의 이착륙이 어려워 대구국제공항의 국제선은 일본, 중화권, 동남아시아 정도로 제한되고 있다. 이 외에도 군공항과 같은 활주로를 사용하기 때문에 항공편 신설에 제약을 받고, 공항이 도심에 있어 소음으로 인한 시민들의 피해가 심각하다.

이런 다양한 문제를 해결하기 위해 대구시와 경상북도가 함께 대구경북 통합신공항 건설이 추진 중이다. 통합신공항의 후보지는 현재 군위군 우보면과 의성군 비안면+군위군 소보면 두 곳으로 치열한 경합을 벌이고 있는 실정이다.

대구는 물론이고, 경북의 구미, 포항 등 세계적인 산업도시, 그리고 경상북도 도청이 위치한 안동과 관광도시 경주 등이 지속적으로 성장하기 위해서는 대구와 경북에서 환승 없이 미주, 유럽, 중동 등 세계로 갈 수 있는 직항로의 신설이 반드시 필요하다. 또한 저가항공의 증가로 국제선 인구는 계속 증가할 수밖에 없어 통합신공항의 조속한 건설은 대구의 발전을 위해 시급한 과제가 아닐 수 없다.

대구시와 경상북도, 그리고 군위군과 의성군이, 그리고 지역민들이 대구와 경북의 미래를 위해 타협과 양보, 협력함으로써 신속한 통합신공항 건설을 달성할 수 있도록 해야 한다.

이와 함께 통합신공항과 대구시를 연결하는 도로망, 고속철도망을 동시에 추진함으로써 편리한 공항이용이 가능해진다면 대구는 명실상부한 국제도시로 발돋움하게 될 것이다. 그렇게 된다면 외국인 환자 및 외국 관광객의 증가는 물론이고, 편리해진 교통으로 인해 국제컨퍼런스, 국제전시회, 국제스포츠대회 등의 유치가 쉬워질 것이며, 세계적인 도시로 도약하는데 큰 역할을 하게 될 것이다.

●대구의 대표 콘텐츠를 강화하자

대구하면 뭐가 떠오르는가? 서울이라고 하면 한강, 북촌, 남산, 인사동, 남대문, 경복궁, 덕수궁, 명동 등 많은 지역이 떠오르고, 부산은 자갈치 시장, 해운대, 태종대 등이 떠오르지만, 대구는 다른 지역의 사람들이 기꺼이 시간과 비용을 들여 찾아볼 콘텐츠가 별로 떠오르지 않는다. 김광석 거리, 근대문화거리, 서문시장, 앞산, 팔공산, 이월드, 수성못, 송해공원 등을 이야기하지만 타지역 사람들이 찾아올 유인은 크지 않다. 전국에 내놓을 만한, 세계에 내놓을 만한 대구의 콘텐츠를 만들어야 한다.

내륙도시인 대구에서 가장 아쉬운 부분은 바다나 큰 호수가 없다는 것이다. 세계적인 물산업 허브도시를 표방하면서 제대로 된 물놀이 지역이나 물을 주제로 한 제대로 된 공원이 없다는 것은 팥이 없는 찐빵 같이 어색하다. 대구의 지도를 보면 영락없이 펄쩍 뛰어오르는 물고기 형상이다. 재미난 것은 물고기의 등지느러미와 꼬리를 지나는 강이 낙동강이고, 아가미 부분을 지나가는 강이 금호강이다. 낙동강과 금호강 유역을 잘 개발하면 물과 관련한 멋진 콘텐츠가 개발될 수 있을 것이다.

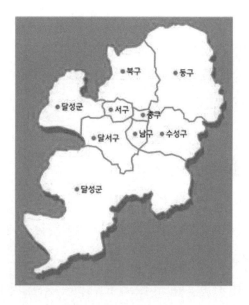

이 지역에 수량을 확보한 후 한강과 같이 유람선, 수상스키, 윈드서핑, 요트, 오리배 등 다양한 물놀이 시설을 도입하고, 풍경을 즐길 수 있는 전망 좋은 드라이브 코스와 고급 카페촌을 만든다면 관광객 유치에 큰 도

움을 줄 것이다. 유력한 곳으로 낙동강 강정고령보를 들 수 있고, 금호강 유역도 보를 건설하여 수량을 확보한다면 지금보다 훨씬 다양한 놀이를 즐길 수 있는 공간이 될 수 있다.

　대구의 상징이라고도 할 수 있는 팔공산을 잘 개발해서 도보 코스, 등산 코스, 자전거 코스를 만들고 남녀노소가 함께 모일 수 있는 대규모 놀이공원을 만드는 것도 생각해볼 수 있다. 팔공산은 왕건과 견훤의 이야기뿐 아니라 많은 역사를 담고 있는 곳이므로 개발할 가치는 무궁무진하다.

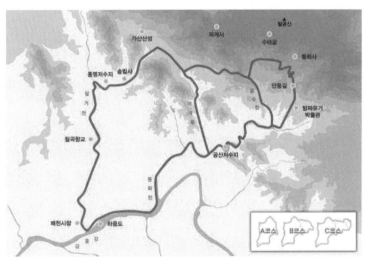

[그림] 20대 총선 때 필자가 공약한 자전거 도로

　필자는 지난 20대 총선 때 팔공산과 금호강을 연결하는 100리 자전거 코스를 개발하겠다고 공약을 발표한 바 있다(그림 참고). 금호강과 팔거천을 연결한 후 경북 칠곡에 있는 동명저수지를 지나 팔공산 도로로 이동한 후 공산저수지를 끼고 동화천을 거쳐 다시 금호강으로 연결되는 약 40km 구간(그림의 A코스)은 팔공산의 빼어난 경관은 물론이고, 동명저수지와 금호강, 팔거천, 동화천 등 아름다운 자연, 송림사 등 대형사찰과 매천시장, 도시철도 3호선 등 다양한 볼거리가 끊임없이 이어진다. 또한 하중도, 칠곡향교, 가산산성, 파계사 등도 인접하고 있으며, 표고차도 200m 정도로 큰 부담이 없다. 또한 팔공산의 용수천을 지나는 B코스(총연장 약 50km, 표고차 약 300m), 동화사를 지나는 C코스(총연장 약 55km, 표고차 약 450m)도 함께 개발한다면 A코스는 초보자용, B코스는 중급자용, C코스는 고급자용 등으로 난이도별로 코스를 조성할 수 있다. B, C코스에는 동화사, 수태골, 단풍길, 대구방짜유기박물관, 용수천 계곡, 공산저수지 등이 있으며, 특히 C코스의 단풍길은 아름다운 단풍을 즐길 수 있는 멋진 곳이다.

좋은 자전거 도로가 정비되면 지역의 자전거 인구가 늘어날 뿐 아니라 전국에서 자전거 동호인들이 몰려들게 되어 자전거 관련 숍과 음식점이 늘어나 지역경기에 긍정적인 효과를 낳게 된다.

이 외에도 창원에서 지역의 발전을 위해 복합쇼핑몰 스타필드의 유치를 결정(창원시는 스타필드의 유치의 찬반을 결정하기 위해 만든 공론화위원회에서 71.2%가 찬성함에 따라 2019년 10월 유치를 허용: 저자 註)했던 것처럼, 잘 만들어진 쇼핑몰은 지역 상권을 빼앗는 것이 아니라 오히려 지역을 발전시키는 효과가 있다. 대구경북 통합신공항의 건설과 함께 스타필드와 같은 고급 복합쇼핑몰을 유치하고, 디즈니랜드와 같은 전국에서 찾아드는 대표 놀이 시설이나, 국제 전시회를 할 수 있을 규모의 대형 전시공간을 만들 수도 있다. 이 외에도 과거 대구읍성을 복원하거나 다부동 전적지 등 과거 육이오전쟁 때의 격전지를 과거 모습을 재현하여 역사공부의 현장으로 만드는 것도 지역을 알리고, 관광객을 모을 수 있는 좋은 콘텐츠가 될 것이다.

● 스마트시티를 제대로 추진하자

대구는 스마트시티로의 도약을 적극 추진하고 있으며, 필자는 대구의 스마트시티 건설사업을 책임지고 있는 대구도시공사의 스마트시티 자문위원을 맡고 있다.

스마트시티는 대구는 물론 우리나라의 경쟁력 강화뿐 아니라 나아가 큰 먹거리가 될 수 있는 좋은 아이템이 아닐 수 없다. 스마트시티는 세계의 모든 도시의 방향일 수밖에 없으므로 스마트시티의 성공적인 모델은 다른 도시의 스마트시티 사업에 참여할 기회를 많이 가지게 된다. 나아가 스마트시티에서 발생하는 방대한 빅데이터를 축적하고 분석할수록 스마트시티의 구축과 운용에 관한 전문성을 가지게 되므로 선발주자의 프리미엄이 클 수밖에 없다.

스마트시티가 성공하려면 네 가지 전제조건이 필요하다. 통신 인프라가 잘 구축되어 있어야 하고 정보통신기술 수준이 높아야 한다. 또한 도시화율(전체국민 중 도시에 사는 국민의 비율: 저자 註)이 높고, 새로운 기술을 익힐 수 있을 정도로 국민의 교육수준이 높아야 한다. 이 네 가지 전제조건만 보면 대한민국은 스마트시티의 최고 경쟁력을 가지고 있다고 해도 과언은 아니다.

그러나 이것만으로는 충분치 못하다. 네 가지 전제조건에 세 가지 정부측 조건이 더 필요하다.

첫째, 규제완화 가능성이다. 스마트시티는 곳곳에 있는 CCTV와 각종 센서가 시민들의 일거수일투족을 기록하고, 문제점을 분석하게 되며, 문제점이 발생할 경우 신속하고, 정확하게 대응할 수 있는 시스템인데 이를 위해서는 현존하는 수많은 규제를 철폐해야만 한다. 규제완화 내지 규제철폐가 어려운 환경에서 스마트시티는 성공하기 어렵다.

둘째, 공무원 조직의 유연성이다. 스마트시티는 기존 조직의 대폭 변화를 요구한다. 광역시, 구, 동으로 이어지는 행정조직뿐 아니라 경찰, 소방, 공공의료시설, 민간 의료시설, 학교, 통신사, 한전 등이 유기적으로 정보를 주고받고 판단결과에 따라 신속하게 대응해야 하는데, 많은 경우 판단의 주체는 스마트시티 플랫폼이 된다. 그러므로 효과적인 스마트시티가 완성되면 판단과 결정을 하는 많은 절차와 인력, 조직이 줄어들고, 운용비용도 대폭 감소하게 된다. 물론 시민과 공무원의 편의성과 안전성이 대폭 제고되고, 생성된 데이터의 활용으로 인해 새로운 부가가치가 창출될 수 있다. 그러나 많은 지자체에서는 기존의 조직과 일하는 방식은 그대로 둔 채 스마트시티를 위한 별도의 조직을 추가하고 있으니 오히려 비용과 인력은 늘어나게 되며, 업무효율도 저하되는 문제를 가진다.

셋째, 민간기업 주도의 추진이다. 기술은 급속히 바뀌고 있다. 빠르게 변하는 기술을 신속하게 수용하고, 최적의 솔루션의 조합을 통해 성공적인 스마트시티를 구현하는 것은 아무래도 기업이 낫다. 뿐만 아니라 스마트시티가 성공했을 경우 이를 해외 다른 도시로 수출하는 것 또한 이윤 추구가 목적인 기업이 담당하는 것이 바람직하다. 그러나 정부에서 스마트시티의 주도권을 가지는 경우 잦은 조직개편과 인사이동으로 스마트시티로 이윤을 올리는 데는 소홀하게 될 수밖에 없다. 기업이 스마트시티 사업을 주도하는 경우 특정기업에 대한 종속이 우려될 수 있으나 이런 우려는 표준제품의 사용을 의무화하고, 추진단계에 외부 전문가의 참여를 강제하는 등 다양한 방법으로 해소할 수 있다.

스마트시티 자문위원을 하면서 늘 느끼는 것은 이 세 가지 문제에 있어서 대구는 낙제수준이다. 물론 아직 시범사업 수준이기 때문에 앞으로도 계속 문제로 남는다고 단정할 수는 없다.

그래서 필자는 제안한다. 대구가 스마트시티 사업의 선도주자가 되기 위해서는 스마트시티 전담 부시장을 대구의 스마트시티의 성공여부는 대구시의 미래에 큰 영향을 미치는 중요한 일인 만큼 스마트시티 사업의 성공을 전담하는 부시장을 임명하고, 스마트시티 부시장이 스마트시티의 도입으로 인해 바뀌어야 하는 법규의 개정을 주도하고, 조직개편, 인사혁신을 이끌어야 한다. 뿐만 아니라 많은 법규와 조직은 중앙정부의 영향을 받는 만큼 대한민국의 스마트시티를 전담하는 조직을 만들도록 중앙정부에 건

의해야 한다. 이 조직은 적어도 국무총리 산하의 차관급 조직은 되어야 하며, 국회에도 이 조직을 대응할 수 있는 소위원회를 설립할 필요가 있다.

또한 중장기적인 대구의 스마트시티 전략을 수립하기 위한 대대적인 정보전략계획(ISP, Information Strategic Planning, 정보시스템을 구축할 때 기존의 업무를 체계적으로 분석함으로써 문제를 파악하는 한편 조직의 목표를 달성할 수 있는 최적의 정보시스템을 설계하고, 정보시스템의 도입으로 인해 바뀌어야 하는 제반사항을 기획하고 설계하는 일: 저자 註) 용역을 실시해야 한다. 대구의 업무처리절차, 정보흐름, 정보자산에 대한 면밀한 분석과 함께 스마트시티의 비전을 수립하고, 이를 위한 스마트시티가 변화시킬 대구의 미래 모습을 구체적으로, 그리고 이를 달성하기 위한 단계적 추진방안을 수립해야 한다. 이를 바탕으로 사업을 추진하되 기술환경이 계속 변하고 있으므로 매년 또는 2년에 한 번 전체 계획을 수정보완하며 보다 체계적이고 전체적인 관점을 가지고 추진해야 한다.

스마트시티의 구축이 대한민국만 선도적으로 추진하는 여유있고, 한가한 프로젝트가 아니다. 스페인의 바르셀로나, 영국의 런던 등이 적극 추진하고 있으며, 중국에서도 정부 주도로 적극적으로 도입하고 있다. 대구의 스마트시티 전략이 성공하기 위해서는 혁신하는 각오로 추진해야 한다.

● 대구의 정치를 바꾸자

권영진 시장이 추진하고 있는 자동차, 물, 의료, 로봇, 에너지와 스마트시티의 5+1 신성장 분야의 성공적인 추진은 대구시 혼자만의 노력으로 불가능하다. 중앙정부와의 긴밀한 소통은 물론이고, 국회에서의 입법, 타 시도와의 협상이 이루어져야 한다. 이런 역할을 앞장서서 해야 할 사람이 바로 지역 국회의원이다.

5+1 신성장 분야를 제대로 지원하기 위해 가장 중요한 것은 정보통신 기술에 대한 폭넓은 이해이며, 이 외에도 기계공학, 환경공학, 화학공학, 의학 등 공학과 의학에 대한 전문성이 요구된다. 즉 이들 분야의 전문가가 대구를 대표해서 국회에서 입법활동을 하고, 정부와 협상을 할 수 있어야 한다.

2019년 11월 현재 대구의 국회의원은 모두 12명이며, 소속정당 별로 구분하면 자유한국당 8명, 더불어민주당 2명, 바른미래당 1명, 우리공화당 1명이다. 이들 12명 국회의원의 전공과 활동 중인 상임위원회는 다음 표와 같다.

[표] 대구 지역 국회의원 전공 분포

	자유한국당	더불어민주당	바른미래당	우리공화당	계
법학	6				6
경제·경영	1	1	1		3
정치외교		1		1	2
경찰대	1				1
계	8	2	1	1	12

먼저 지역 국회의원의 전공을 살펴보면 법학과 6명, 경제 • 경영학과 3명, 정치외교학과 2명, 경찰대 1명으로 모두 문과 전공이다. 권영진 대구시장과 같은 자유한국당 국회의원만 보면, 법학과 6명, 경영학과 1명, 경찰대학 1명으로 지나치게 법학 전공자가 많다는 것을 알 수 있다. 물론 입법을 하고, 협상을 하기 위해 법학 전공자도 필요하지만 지나치게 많다는 것, 무엇보다 공학, 자연과학, 의학계열을 전공한 지역 국회의원이 한 명도 없다는 것은 심각한 문제가 아닐 수 없다.

그러다보니 국회의 상임위원회의 기형적인 모습도 눈에 띈다. 지역의 예산에 큰 영향을 줄 수 있는 기획재정위원회에 2명, 산업통상자원중소벤처기업위원회에 2명이 그나마 위안이 되지만 막상 5+1과 가장 밀접한 과학기술정보방송통신위원회, 보건복지위원회, 환경노동위원회, 그리고 대구의 문화예술을 알리고, 지원해줄 문화체육관광위원회에는 국회의원이 한 명도 없다. 대구시는 4차 산업혁명 시대를 대비하기 위해 다양한 혁신을 추진하고자 하지만 국회에서 이를 제대로 지원할 수 있는 우군이 하나도 없다는 것은 대구의 4차 산업혁명 시대를 위한 전략에 큰 문제가 아닐 수 없다.

[표] 대구 지역 국회의원 위원회 분포

	자유한국당	더불어민주당	바른미래당	우리공화당	계
법제사법					-
정무	2				2
기획재정	1		1		2
교육	1				1
과기정통					-
외교통일		1			1
국방	1				1
행정안전	1			1	2
문화체육					-
농림축산					-
산업통상	1	1			2
보건복지					-
환경노동					-
국토교통	1				1
여성가족					-
계	8	2	1	1	12

대구의 혁신을 달성하기 위해서는 당연히 지역 국회의원 중에 이공계 전공자, 특별히 4차 산업혁명 시대의 가장 핵심적인 정보통신기술 분야의 전문가가 포함되어야 한다. 뿐만 아니라 지역 국회의원 중에 적어도 1명 이상이 과학기술정보방송통신위원회에서 활동하여야 하며, 보건복지위원회, 환경노동위원회에도 한 명은 전략적으로 배치함으로써 권영진 대구시장의 신성장 전략을 지원할 수 있어야만 한다. 각 정당은 대구시의 성

장전략에 기여할 수 있는 공천방안을 수립하여야 하고, 이러한 점을 대구 시민들에게 홍보함으로써 시민의 지지를 유도하도록 해야 할 것이다.

법조인과 관료 일색의 대구 정치인의 구성은 혁신되어야 한다.

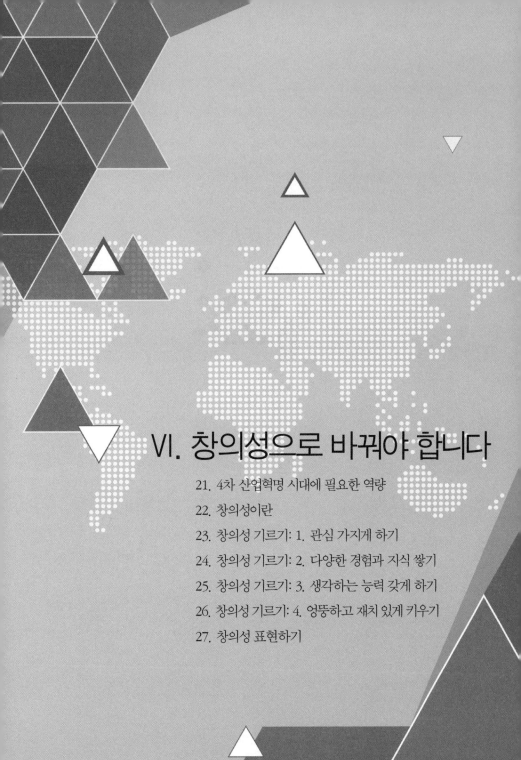

VI. 창의성으로 바꿔야 합니다

VI.
창의성으로
바꿔야 합니다

21

4차 산업혁명 시대에 필요한 역량

로봇과 자율주행 시스템, 그리고 인공지능이 주도적인 역할을 하게 될 때 인간에게 남겨지는 일은 무엇일까? 인간과 비교할 수 없을 정도로 빠르고 정확하며, 불평도 모르고 비용도 저렴한 이러한 기술이 보편화되면 수많은 일자리가 사라지는 것은 이미 현실이 되고 있다. 최근 최저임금의 급격한 인상은 이런 현상을 더욱 부채질할 것이다. 글로벌 경쟁에서 살아남으려면 불완전한 인간의 능력과 성실성에 의존하는 대신 로봇과 인공지능으로 무장한 경쟁력 있는 시스템을 가져야 할 테니 기계와 컴퓨터를 도입하는 경영주를 탓할 수도 없다.

● 4차 산업혁명 시대에 사라질 직업

많은 지식을 암기해야 하는 직업, 체계화된 절차에 따라서 수행하는 직업, 방대한 정보를 관찰하고 판단하는 직업은 모조리 사라지게 된다. 유발 하라리의 대담한 저서《호모 데우스》에 의하면 모든 유기체는 알고리즘(algorithm, 문제를 해결하기 위해 명령들로 구성된 일련의 순서화된 절차: 저자 註)이라고 하는데, 일정한 규칙에 의해 움직이는, 즉 알고리즘화할 수 있는 모든 일은 인간보다 빠르고, 정확하며, 비용 마저 하락하고 있는 컴퓨터의 몫이 될 수밖에 없다. 공장에서 제품을 생산하는 직원은 물론이고, 많은 정보로부터 병을 진단, 처방, 치료하는 의사, 사건에 대한 정보와 관련된 법률, 판례를 이용하여 판단하는 검사나 판사, 매뉴얼에 따라 일하는 공무원, 수많은 정보를 수집하여 매매를 하는 금융전문가, 배송정보를 보고 물건을 전달하는 물류종사자, 정보를 수집하여 기사를 작성하는 기자, 선수의 움직임을 관찰하여 판단하는 심판도 모두 자리를 잃게 될 것이다.

● 4차 산업혁명 시대에 필요한 역량, 창의성과 소통

4차 산업혁명 시대에 우리 인간은 어떤 역량을 가져야 할까? 많은 전문가들이 이구동성으로 하는 이야기가 바로 창의성과 소통이다.

물론 소통의 영역도 인공지능에게 내주게 될 것이라고 주장하는 사람도 많다. 영화《그녀》(원제 'Her', 2013년)에 나오는 인공지능 사만다는 무려 3천명의 사람과 감정적인 소통을 하며 그들을 위로하고 있다. 인간의 감정을 읽고, 그에 반응하는 로봇 페퍼도 상당한 성공을 거두고 있는 것이 사실이다. 그러나 환자의 일거수일투족을 살피고, 감정적으로 교감하며, 그의 필요를 공급해주는 것은 로봇이나 인공지능이 담당하기는 (당분간) 힘들다. (기술발전 속도가 워낙 빨라 소심하게 '당분간'이란 말을 괄호 안에 넣었다.) 아기를 키우고, 애완견을 돌보는 일, 난폭한 청소년을 상담하는 일, 병든 환자를 수발하는 일 등은 인간의 몫이다.

그러므로 자녀를 다정다감한 사람으로 키우는 것, 다른 사람과 감정적인 소통을 잘하는 사람이 되게 하는 것은 미래에 필요한 인재로 키우는 지혜로운 방법이다. 스마트폰만 들여다보고, 학교, 학원만 전전하는 청소년이 미래에 필요한 사람이 되기는 힘들 것이다.

창의성은 어떨까? 인공지능을 이용하여 창의성에 도전하는 많은 시도들이 있긴 하다. 작곡을 하고, 그림을 그리며, 소설을 쓰는 인공지능에 대한 많은 뉴스는 과연 창의성이 인간에게 주어진 독특한 능력인가라는 의구심마저 들게 한다. 그러나 장르를 뛰어넘는 진정한 창의성은 인간에게만 주어진 능력임에 틀림없다.

창의성, 미래를 살아가기 위해 필요한 제일 중요한 자질이다.

개인은 창의력으로 혁신해야 한다.

22.

창의성이란

창의성이란 무엇일까? 기발하고 독특한 무엇인가를 만들어 내는 능력이다. 나아가 독특하면서도 삶에 유용한 것이어야 한다. 아무나 생각할 수 있는 것을 창의적이라고 하지 않지만, 아무런 쓸모도 없는 생각도 창의적이라고 하지 않는다. 세상에는 사람들에게 선택받지 못한 채 버려지는 수많은 독창적인 생각들이 있다. 물론 한 때는 세상에서 버림받은 생각들이었지만 시간이 지나면서 대단한 발명으로 거듭나는 경우도 많이 있다.

보다 체계적으로 설명해 보자. 창의적인 생각을 장려하기 위한 제도로 특허가 있는데, 특허의 세 가지 요소는 '신규성, 진보성, 활용성'이다.

특허로 인정받기 위해서는 우선 새로운 것이어야 한다(신규성). 과거에 출현했던 아이디어와 제품이라면 당연히 특허를 받을 수 없다. 그래서 과거에 출원된 특허를 살피고, 출시되었던 제품들을 조사한 후에 유사한 특허와 제품이 없을 때 신규성을 인정받는다.

그리고 새로우면서도 과거의 문제를 해결하거나 보다 개선된 것이어야 한다(진보성). 새롭기는 한데 오히려 문제를 더 복잡하게 만들고, 나아진 것이 전혀 없다면 특허를 받을 수 없다. 타이어가 네 개인 자동차 타이어를 40개로 늘이자는 아이디어는 신규성은 있을지 몰라도 오히려 차의 무게를 늘이고, 비용을 늘이기 때문에 진보성을 인정받지 못할 것이다.

마지막으로 활용성이다. 기발하고, 개선사항도 있지만 과학적으로 구현할 수 없거나 비용이 과도해서 경제성이 없는 경우, 비현실적이거나 윤리적으로 문제가 되는 경우도 특허로 인정받지 못한다. 역사적으로 반복되는 것으로 영구기관이라는 것이 있다. 에너지를 공급받지 않고도 영원히 일을 할 수 있다거나 열의 100%를 일로 바꿀 수 있다는 발명품이 그것인데, 각각 열역학 제1법칙과 제2법칙을 위배한 존재 불가능한 제품이다.

너무 기술적으로 흘렀다. 요약하면 창의성이란 "독창적이면서도 유용한 것을 만들어내는 능력"이라고 설명할 수 있다. 창의성은 창의적인 생각을 떠올리는 역량, 다시 말해 창의역량을 통해 창의적인 생각을 떠올리는 단계와 떠오른 창의적인 생각을 표현하고 실행하는 단계로 나누어 생각해야 한다. 평소 창의역량이 있어 다양한 창의적인 생각을 하지만 그 생각을 표현하지 못하고, 남에게 전달하지 못한다면 창의성 있는 사람이라고 하지 않을 것이다. 고인이 된 스티븐 호킹이 물리학에 엄청난 기여를 하였지만 만일 루게릭병에 걸려 말을 못하는 호킹 박사가 떠올렸던 생각들을 기계장치를 통하여 다른 사람에게 전달하지 못했다면 그의 창의성은 인정받을 수 없었을 것이다.

　이를 그림으로 표현하면 아래와 같이 나타낼 수 있다.

　먼저 창의적인 생각을 떠올리는 방법, 즉 창의역량을 키우는 방법을 알아본 후 창의적인 생각의 표현과 실행을 잘할 수 있도록 하는 법을 설명하기로 하겠다.

23

창의성 기르기: 1. 관심 가지게 하기

창의적인 생각을 많이 떠올리려면 어떻게 해야 할까? 바꾸어 표현하면 창의성 있는 자녀로 키우려면 어떻게 교육해야 할까?

창의적인 생각을 떠올릴 수 있는 역량, 즉 창의역량은 그림과 같이 대상에 대한 관심, 다양한 경험과 지식, 생각하는 능력, 그리고 엉뚱함과 재치를 필요로 한다. 이제 이 네 가지에 대해 좀 더 자세히 설명하기로 하겠다.

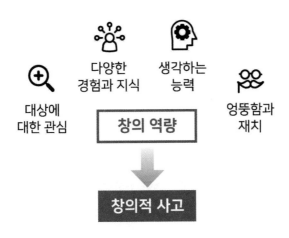

[그림] 창의성을 기르기 위한 네 가지 요소

제일 먼저 창의역량은 대상에 대한 관심에서 시작한다. 애완동물용품 가게에 가면 기발한 제품들이 많이 있다. 그런 물건을 맨 처음 누가 생각했을까? 당연히 애완동물을 기르는 사람일 것이다. 단지 키우는 수준이 아니라 애완동물을 아끼고 사랑하는 사람에게서 그런 물건이 개발되었다. 육아용품도 마찬가지다. 그냥 의무적으로 아기를 돌보는 사람이 아니라 아기를 사랑하고, 노심초사 아기를 살피는 엄마(가끔 아빠)가 아기를 위한 물건을 개발했음에 틀림없다. 대상을 아끼고 사랑하며, 대상의 불편함을 못 견뎌하는 사람들이 그들을 위한 창의적인 생각을 떠올릴 수 있다. 노인을 잘 살피면 노인을 위한 새로운 제품과 서비스가 고안될 것이고, 밤늦게 귀가하는 여자 친구의 불편함을 살피면 그를 위한 새로운 서비스가 개발될 수 있다.

뒤집어 생각하면 관심이 없는데 창의성이 생겨날 수 없다는 것이다. 도시에서 자란 학생들이 농사짓는데 필요한 아이디어를 낼 수 없으며, 농촌에만 살면서 도시 구경을 한 번도 해보지 못한 사람이 도시민이 무엇을 필요로 하는지 이해할 수 없을 것이다. 한 번도 등산을 해보지 않았거나 장거리 자전거 여행을 해보지 않은 사람이 등산객이나 자전거 라이딩족에게 필요한 신통방통한 제품에 대한 생각을 해낼 수 없을 것이다. 물론 도시에서 자랐더라도 자신의 주변에서 일어나는 상황에 전혀 관심이 없다면, 등산을 하더라도 아무런 고민 없이 뒷동산을 산책하는 수준으로만 하는 등산이라면 남들에게 판매할 만한 새로운 제품에 대한 아이디어가 떠오를 수 없다.

호기심과 애정을 가지고 대상을 살피며, 관찰하는 대상에게 필요한 것은 무엇인지, 어떤 불편한 점이 있는지, 그러한 불편함을 해결할 수 있는 방법은 무엇인지 고민할 때 새로운 아이디어가 떠오르고, 새로운 창의성이 생겨나게 된다.

여러분의 자녀는 무엇에 관심을 가지는가? 불행하게도 대부분 아이의 관심은 오로지 스마트폰이다. 하늘을 볼 줄도, 땅을 볼 줄도, 사람을 살필 줄도, 주변을 돌아볼 줄도 모르는 채 스마트폰에만 눈을 두는 아이가 창의적이 되는 것은 불가능하다. 스마트폰 중독의 위험에 대해 많이 알면서도 여전히 스마트폰에서 헤어 나오지 못하는 어린이, 청소년, 어른들이 너무 많다. 아이가 투정을 부리면 스마트폰을 주는 부모를 보면 참 안타깝다. 잠투정한다고 수면제를 먹일 수 없는 것처럼 아이의 투정을 스마트폰으로 해결하는 것은 참으로 무책임한 선택이다. 게임에 빠진 아이도 문제다. 잠시 스트레스를 풀기 위해 게임을 하는 것은 괜찮지만 심각한 게임중독으로 현실감을 잊고, 건강을 해치며 폐인이 되는 경우도 많다.

다행히 스마트폰이나 게임보다 공부에 관심을 가지는 아이도 있지만 "너는 공부만 해"라는 부모의 지엄한 명령 때문에 세상만사에 관한 관심을 끊고 오로지 공부만 하는 아이 역시 창의성 있는 사람이 될 수 없다. 그들이 열심히 축적하는 지식은 4차 산업혁명 시대에 아무런 쓸모가 없다.

창의성 있는 자녀로 키우려면 평소 자녀가 다른 사람과 사물, 사회현상에 대해 관심을 가지도록 해야 한다. 사람에 대한 관심과 배려의 자세가 아이의 사고를 깊게 하고, 아이의 창의성을 계발시킨다. 친구와 친척, 아기와 노인, 정상인과 장애인, 남성과 여성, 다문화 가족 등 다양한 처

지의 사람에 대해 관심을 가지고, 그들이 힘겨워하는 문제의 해결을 고민하는 자녀라면 미래의 주역으로 자라날 것이다. 적정기술(Appropriate Technology)이라는 용어가 있다. 후진국의 열악한 환경에서 그들의 문제를 해결하기 위해 개발되는 기술을 일컫는 말인데, 이러한 기술은 어려운 사람을 돕고자 하는 따뜻한 가슴을 지닌 사람들에게서 개발된다.

동식물에 대한 관심이 동식물에 대한 창의적인 생각을 품게 하며, 자연에 대한 깊은 관심과 세밀한 관찰에서 많은 창의적인 생각이 떠오를 수 있다. 다빈치, 파인만 등 창조성을 빛낸 사람들의 13가지 생각도구를 소개한 《생각의 탄생》(미셸 루트번스타인, 로버트 루트번스타인 공저, 에코의서재, 2007)이라는 책에서 제일 처음 소개하는 도구가 '관찰'이다.

관심을 가지고, 관찰을 하기 위해서는 속도를 늦추어야 한다. 미투 사건으로 소개하기 조심스럽지만 고은 시인은 이야기했다. "내려올 때 보았네. 올라갈 때 보지 못한 그 꽃." 오로지 고득점만을 향해 전력 질주하는 오늘날의 학생들이 주변에 관심을 가지긴 힘들다. 그리고 거듭 이야기하지만 그런 사람이 성공하는 시대는 끝이 났다.

자녀에게 이렇게 이야기 하자. "이제 책을 덮고 함께 나가자. 관찰하고, 경험하며, 즐기고, 공감하러 나가자. 그리고 우리 함께 대화하자꾸나."

24

창의성 기르기: 2.
다양한 경험과 지식 쌓기

두 번째로 필요한 것은 다양한 경험과 지식이다.

먼저 경험을 이야기해 보자. 대부분 미국의 집에는 차고가 있다. 차고에 가면 다양한 공구가 있고, 집안의 취미생활에 필요한 각종 용품들이 가득하다. 아이들이 자라면서 직접 가구도 만들어 보고, 정원도 가꾸어 보며, 때로 자동차 수리도 거드는 등 다양한 경험을 하게 된다. 그래서 미국의 많은 위대한 기업은 차고에서 만들어졌다. 세계 벤처기업 1호라고 불리는 휴렛팩커드(HP)가 탄생한 캘리포니아의 차고는 '실리콘밸리의 발상지'로 인정받고 있으며, 애플과 아마존도 그런 역사를 이어받았다.

과거 농사짓던 친구들의 집에는 농기구와 각종 공구가 있는 창고가 있었다. 삽과 괭이로 함정도 만들고, 산에 가서 칡을 캐기도 했으며, 톱으로 썰매도 만들기도 했다. 부모를 도와 토끼집도 만들고, 닭장도 만들었다. 때로 자전거를 분해해 보기도 하고, 라디오의 내부가 궁금해 라디오를 분해해 보기도 했다. 《톰소여의 모험》을 읽은 후 다른 아이들과 함께 뒷동산에 나무를 자르고, 못 쓰는 합판과 장판으로 아지트를 만들어본 적도 있다.

아파트가 보편화되고, 제대로 된 정원도 없는 좁은 집에서 살아가는 오늘날의 아이가 다양한 경험을 하기는 쉽지 않다. 차고나 창고와 같이 창의성을 키울 공간도 없을 뿐 아니라 아이들이 사용할 수 있는 기구나 연장도 없다. 사실 없는 편이 나을지도 모른다. 아파트 화단에 삽질을 하다가는 경비 아저씨에게 혼이 나며, 톱으로 나무를 베다간 바로 신고 당할 테니. 어떠한 도발도 금지된 아파트는 창의성에 최악인 곳이다.

창의성 있는 자녀로 키우려면 아파트를 탈출해야 한다. 아이와 함께 야외로 나가서, 다양한 도발을 해야 한다. 야외도 잘 가꾼 공원보다 야생이 살아있는 환경이 좋다. 집에서 멀지 않은 곳에 이러한 장소를 찾아보면 어떨까. 사람이 다니지 않는 곳으로 슬쩍 빠지면 정말 새로운 경험을 많이 할 수 있다. 길을 잃을 수도 있고, 나무에 긁히기도 할 것이다. 새로운 동물과 맞닥뜨릴 수도, 위험한 상황에 처할 수도 있을 것이다. 그러한 상황을 경험하고, 문제를 해결하는 과정에서 아이의 상상력과 도전정신은 극대화 된다.

집에 다양한 공구셋트를 구입하여, 간단한 가구나 물품은 만들어보는 경험도 좋다. 아이와 함께 수명이 다한 전구를 갈고, 막힌 싱크대나 세면대를 고쳐보며, 선풍기나 자전거 등을 분해하고 조립해 볼 수도 있다. 인터넷에는 재미난 실험과 요리법, 기발한 제품제작법이 넘쳐난다. 아이디어가 부족하면 《아이와 함께 할 수 있는 50가지 위험한 실험》(한빛미디어, 2013)을 권한다. 전기 맛보기, 유리 깨보기, 불 피우기, 타이어 갈아 끼우기 ……. 생각만 해도 신이 나지 않는가? 이 책은 위험한 실험을 제안하고 있지만 안전하게 할 수 있는 가이드를 제공하기 때문에 사실 위험하지 않다. 이런 다양한 경험이 창의성 있는 아이를 만든다.

새로운 경험을 하기 위해서는 아무래도 친숙한 환경에서 벗어나는 여행이 좋다. 가능하다면 해외여행이 훨씬 좋지만 국내 여행만으로도 많은

경험을 쌓을 수 있다. 전국에는 엄청나게 다양한 산이 있으며, 바다도 동해, 서해, 남해가 전혀 다른 풍경을 가진다. 어느 지역을 가도 사고를 자극하는 새로운 경험을 할 수 있다. 가급적 잘 조성된 관광지보다는 현지를 잘 살필 수 있는 곳으로 다니는 것이 좋다. 우리나라의 관광지는 대개 천편일률적으로 꾸며지고, 지나치게 가공이 되어 새로움을 맞이하기에는 부족하기 때문이다. 다양한 형편에서 살아가는 사람의 삶을 가까이에서 경험함으로써 새로운 자극을 받게 된다.

이런 여행이 자녀의 삶에 영향을 주기 위해서는 여행을 계획할 때 자녀와 함께 상의하며, 여행 중에, 또 여행이 끝나고 많은 대화를 해야 한다. 부모의 강요에 의해 하기 싫은 여행을 억지로 하거나 아무런 생각 없이 따라다닌다면 제대로 된 경험이 될 수 없다. 여행과 관련된 선택에 자녀를 참여시키고, 여행지에 대한 정보를 자녀가 조사하여 부모에게 설명하도록 하며, 여행이 끝난 후 후기를 SNS에 직접 남기도록 함으로써 자녀가 여행의 주인공이 되도록 해야 한다.

경험을 쌓는데 직업탐방도 큰 도움이 된다. 관청, 회사, 병원, 복지시설, 교육기관 등을 이용자의 관점이 아니라 종사자 관점에서 살펴보도록 하는 직업탐방은 학생들로 하여금 자신의 꿈을 발견하는 계기를 만들어 준다. 중학교에서 시행하는 자유학기제 또는 자유학년제가 잘 활용되면 학생의 진로설계에 큰 도움을 줄 수 있지만 예산과 사회 인프라가 부족해 개인의 다양한 호기심을 충족시키지 못하고, 형식적으로만 때우고 있어 불만이 많다고 한다. 또한 이 때를 선행학습의 기회라고 생각하여 학원으로 몰려다니는 학생이 많다는 것도 큰 문제다.

필자는 부모가 인도하는 직업탐방을 제안한다. 부모가 아이와 함께 다양한 직장을 다니면서 관찰하고, 의견을 나누면서 자녀가 하고 싶어 하는 일을 발견할 수 있도록 돕는다면 자녀에게 큰 도움이 될 뿐 아니라 자녀와의 친밀감도 깊어질 것이다. 이 때 부모가 직업에 대한 선입견을 가지고, 특정 직업군으로 유도하는 것은 피해야 한다. 물론 미래에 사라질 직업과 늘어날 직업에 대해 자녀와 대화를 나누는 것은 바람직하다.

시간과 비용의 문제도 있고, 접근이 어려운 곳도 많기 때문에 세상의 모든 일을 다 경험해 볼 수는 없다. 또한 종사자가 일하는 모습을 피상적으로 살핌으로써 그 일에 대해 충분히 이해한다는 것도 불가능하다. 그래서 필요한 것이 독서다. 독서를 통하여 접하기 힘든 직업에 대해 알아볼 수 있고, 종사자들의 삶에 대해 깊이 알아볼 수 있다. 요즘은 다양한 계층의 사람이 자신의 삶을 소개하는 책이 쏟아져 나오고 있어 책을 통해 많은 정보를 얻을 수 있다. 또한 여행 프로그램이나 체험 프로그램들도 다른 세계를 이해할 수 있도록 돕고 있으며 못 본 프로그램은 유튜브 등을 통해 언제든지 다시 볼 수 있으니 경험의 기회와 깊이는 무한하다.

[그림] KBS1 TV에서 방송하는 여행 체험 프로그램

　다양한 경험과 함께 창의성에 필요한 것은 지식이다. 공부를 잘한다고
반드시 기발한 사람이 되는 것은 절대 아니지만 공부를 하지 않는다면
기발한 생각이 많은 제한을 받는다. 물론 여기서 말하는 공부은 수능시
험 공부를 말하는 것이 아니다. 기계에 대해 보다 많은 공부를 한 사람이
남들이 생각하지 못한 새로운 아이디어를 만들어낼 가능성이 높으며, 새
롭게 개발된 제품 소재에 대해 들어본 적이 없는 사람이라면 그러한 소재
를 이용한 발명을 할 수 없을 것이다.

　다음 그림을 보자. 괴짜 시계(geek clock)라고도 하고, 구글 시계라고도
하는 것이다. 각종 수학부호와 공식으로 1에서 12의 숫자를 표현한 이런
시계를 수학을 잘하는 사람이라면 기발하다고 좋아할 뿐 아니라 때로
으스대며 이 시계를 이용할 것이다. 그러나 수학을 싫어하거나 수학을

잘하지 못하는 사람이라면 "어 이게 뭐야?"라고 하며, 이 시계를 창의적이라고 하지 않을 것이다.

[그림] 각종 수식으로 만들어진 구글 시계

　다시 말해 창의성 있는 사람이 되기 위해서는 공부도 많이 해야 한다. 특히 4차 산업혁명 시대에는 수학과 물리, 그리고 생물과 화학 등 기초과학에 대한 깊은 이해를 필요로 한다. 인공지능에 필요한 복잡한 연산을 하는 알고리즘은 고등수학과 물리를 모르고는 해결할 수 없으며, 로봇과 드론, 자율주행 자동차 등은 고도의 물리지식을 요구한다. 또한 인체 및 두뇌, 유전자 등에 대한 수준 높은 지식, 제품에 사용되는 신소재에 대한 전문성을 가지지 않고서는 4차 산업혁명 시대에 필요한 새로운 발명과 개발을 하기 어렵다.

우리나라 학생들이 수학과 과학을 잘한다고 하지만 어디까지나 공식을 잘 암기하여 빠르게 정답을 찾는 수준에 그치는 경우가 많고, 정답지에 소개된 풀이법과 다른 풀이를 시도하거나 교과서의 수준을 넘어서서 수학과 기초과학 공부를 하는 고등학생은 거의 전무하다. 그러니 수능 시험에서 수학과 과학에 만점을 맞은 학생이 수학이나 과학을 전공하는 경우가 극히 드물며, 의대를 가지 못해 억지로 간 학생이 기초과학 분야에서 두각을 드러내지 못하는 것이다.

공무원, 공기업이나 대기업 직원, 의사만 선호하고, 기초과학을 소홀히 하는 우리나라의 교육과 취업의 현실에 큰 변혁이 있지 않는 한 우리나라가 4차 산업혁명 시대의 승자가 될 수 없음은 자명하다.

25.

창의성 기르기: 3.
생각하는 능력 갖게 하기

관심을 통해서 문제를 발견하고, 경험과 지식을 통해 문제의 해결책을 발견할 수 있다. 그러나 문제와 해결책은 바로 찾아지는 것이 아니다. 과학자의 발견도, 발명가의 혁신적인 발명품도 관찰을 넘어선 깊은 성찰을 통해 얻어진 것이었다. 구슬이 서말이라도 꿰어야 보배다. 특히 인류의 지혜가 축적되고, 전 세계에서 새로운 제품과 서비스를 만들기 위해 머리를 싸매고 있는 오늘날 관찰만으로 기발한 아이디어가 나오기 힘들다.

앞에서 소개한 《생각의 탄생》이라는 책에서는 창조성을 가진 인재들이 사용한 생각의 도구를 다음과 같이 모두 13가지로 소개하고 있다.

1. 관찰, 2. 형상화, 3. 추상화, 4. 패턴인식, 5. 패턴형성,
6. 유추, 7. 몸으로 생각하기, 8. 감정이입, 9. 차원적 사고,
10. 모형 만들기, 11. 놀이, 12. 변형, 13. 통합

우리도 익히 잘 알고 있는 발명품과 예술품을 예로 들며 재미나게 쓴 책이며, 책에 소개된 생각도구들은 실제로 많은 도움이 될 수 있는 만큼 일독을 권한다. 중학교 3학년 정도면 충분히 읽을 수 있다. 읽는 것만으로도 머리가 좋아진다는 느낌이 든다. 그리고 제시된 생각도구를 주변의 삶에서 훈련해 본다면 창의성이 부쩍 높아질 것이다.

이 중 '1. 관찰'은 관심 가지기에서 설명했다. 관찰을 통해서 나올 수 있는 발견도 있겠지만 관찰에서 그치지 않고, 형상화하고, 추상화하고, 패턴을 인식하고, 패턴을 형성하는 등 깊은 사유를 통해 새로운 발견을 하고, 새로운 제품과 서비스를 고안해 내야 한다. 천재들이 그러한 과정을 통해 새로운 제품을 만들어내고, 위대한 발견을 했으며, 역사에 길이 남는 예술작품, 음악, 문학작품을 만들어 냈다.

그렇다면 생각하는 능력은 어떻게 가질 수 있을까? 어릴 적부터 생각하는 것을 장려 받고, 생각하기를 즐길 수 있도록 해야 한다. 잠시 생각할 틈도 주지 않고, "그것도 몰라. 아이구 답답해." 하며 채근하며 미리 답을 말해버리는 부모 밑에서 자란 아이들이 생각을 즐길 리 없다. 주어진 시간 내에 많은 문제를 풀어야 하는 학생은 생각할 틈이 없다. 암기한 것을 기억해내고, 공식대로 문제를 풀어 답을 구하는 것은 생각이 아니다.

농경사회, 산업사회는 매뉴얼에 따라 충실하게 일을 하는 사람들이 성공했다. 그러나 4차 산업혁명 시대에 매뉴얼을 따라하는 것은 컴퓨터의 몫이다. 바야흐로 생각을 요구하는 시대가 된 것이다. 김용규 작가는 생각의 시대에 필요한 자질을 찾기 위해 역사상 가장 위대한 생각의 시대였던 그리스 시대로 돌아간다. 그는《생각의 시대》(살림, 2014)에서 문명에서 뒤졌던 고대 그리스인들이 갑자기 서양 문명에 두각을 드러낸 이유는 '생각' 때문이라고 소개하며, 그들이 사용한 생각의 도구로 '메타포라(은유), 아르케(원리), 로고스(문장), 아리스모스(수), 레토리케(수사)'의 다섯 가지를 소개한다. 참 좋은 책이다.

생각의 도구들은 앞에서 소개한 《생각의 탄생》과 《생각의 시대》 등을 통해 잘 알 수 있을 것이다. 여기서는 자녀와 함께 할 수 있는 다섯 가지 활동을 소개하도록 하겠다.

먼저, '독서'다. 독서의 중요성은 아무리 강조해도 지나치지 않는다. 앞 장에서도 경험을 쌓는 방법의 하나로 독서를 제시했다. 안중근 의사는 "하루라도 책을 읽지 않으면 입에 가시가 돋는다"라는 말을 남기기도 했다. 책을 읽는 동안 자녀의 두뇌는 활발한 활동을 하게 되며, 창의성을 가진 뛰어난 인재로 자라나게 될 것이다.

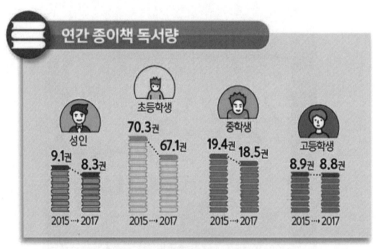

연간 종이책 독서량

성인
9.1권 (2015) 8.3권 (2017)

초등학생
70.3권 (2015) 67.1권 (2017)

중학생
19.4권 (2015) 18.5권 (2017)

고등학생
8.9권 (2015) 8.8권 (2017)

2015 ··· 2017

[그림] 자꾸만 줄어드는 우리 국민의 독서량

어떤 청년이 내게 질문을 했다.

"성공할 수 있는 비결을 하나만 말해 주세요. 책 읽으라는 말은 빼구요."

참 고약한, 그리고 말이 안 되는 질문이다. 독서하지 않고 성공할 수 있는 비결이라면 요행밖에 없다. 우리나라 국민은 참 책을 안 읽는다. 새로운 지식을 얻을 생각은 하지 않고, 스스로의 아집만을 가지고 세상을 살아가는 사람이 참 많다. 이래서는 세상을 이길 재간이 없다.

두 번째는 '묵상'이다. 많은 책을 읽어도 책의 내용을 곱씹고, 자기 것으로 만드는 시간이 꼭 필요하다. 많은 대화를 나누고, 다양한 경험 이후에 잠시라도 조용히 반추하는 시간을 가짐으로써 단순한 기억이 아니라 지혜를 얻을 수 있게 해준다. 묵상을 하기 위해서는 외부에서 들어오는 정보를 줄여야 한다. 눈을 감거나 자연을 바라봄으로써 눈으로 들어오는 정보를 줄이고, 조용한 장소를 찾거나 잔잔한 음악이나 단조로운 자연의 소리를 들음으로써 귀로 들어오는 정보를 줄여야 한다. 정보를 차단한 채 머릿속에 담긴 기억과 생각들을 떠올리며 의미를 되새기고, 의미를 재해석하고, 새로운 지혜를 깨닫는 과정이 필요하다. 의미를 부여받지 못한 팩트들이 묵상을 통해 의미를 가지게 되고, 팩트 이면에 대한 이해를 가지게 된다.

그러나 현대인은 너무 바쁘다. 분주한 일상도 묵상을 방해하지만 끊임없는 스마트폰 사용, SNS 공해, 주변에 즐비한 광고판, 소음공해 등이 우리로 하여금 묵상할 시간을 빼앗아가고 있다. 자녀들의 일상을 바라보더라도 공부에 시달리며, 잠시의 짬은 스마트폰에 빼앗기기 때문에 묵상할 시간이 전혀 없다. 자신의 생각을 가지지 못한 정보는 단순한 지식에 불과하고, 지혜로 바뀌지 못한다. 이런 사람이 자라면 상대방에 대한 배려나 사건이 미칠 파장에 대한 숙고 없이 팩트에 대한 해석과 단편적인 대책을 주장하기 쉽다.

자녀가 잠들기 전에 하루를 회상해 보는 훈련을 시켜도 좋고, 여유시간이 생길 때마다 잠시 눈을 감고 생각을 하는 시간을 가질 수 있도록 유도하는 것도 좋다. 칸트와 같이 산책을 하며 명상의 시간을 가져도 좋겠다. 단, 스마트폰은 끄고... 평소 자녀와 함께 눈을 감고 생각하는 훈련을 가져보자.

세 번째 방법은 '토론'이다. 《논어》학이(學而)편에 나오는 "학이시습지(學而時習之)면 불역열호(不亦說乎)아 유붕(有朋)이 자원방래(自遠方來)면 불역낙호(不亦樂乎)아"란 말에서 멀리 있던 친구가 찾아와서 즐거운 것은 함께 술을 마실 수 있고, 함께 놀 수 있기 때문이 아니다. 공자가 말한 멀리서 온 친구는 함께 학문을 토론할 친구를 가리킨다. 평소 혼자 공부하고, 익혀온 지식을 친구와 함께 밤새 토론하며, 미처 발견하지 못한 지혜를 깨닫고, 나눌 때 큰 기쁨을 깨닫는다는 말이다. 토론이 없는 지식은 편협하고, 독선적이며, 잘못된 깨달음에 그칠 가능성이 높다.

토론은 내가 익힌 지식을 회상하고 의견으로 정리하여 표현하는 동시에 상대방의 의견을 경청하고, 그에 대한 나의 생각을 말하며, 궁금한 것은 되묻고, 잘못된 부분은 시정하는 등 다양한 행동이 동시에 일어나는 복잡한 활동이다. 상대방의 생각을 제대로 이해하기 위해서는 음성뿐 아니라 상대방의 표정도 읽고, 제스처도 이해해야 한다. 그러므로 토론을 통해 지식도 깊어질 뿐 아니라 사고도 깊어진다.

유대인이 뛰어난 것은 그들의 독특한 '하브루타' 교육법 때문인 것은 잘 알려져 있다. 유학 간 딸이 같은 과에 유대인이 두 명 있는데, 그들은 정말 아는 것도 많고, 대화도 탁월하다고 혀를 내둘렀다. 유대인은 어릴 때부터 가정에서 어른들과 함께 토론식 성경공부를 하고, 학교에서도 두 명씩 짝지어 토론하는 것을 최고의 공부법으로 여긴다고 한다.

[그림] 하브루타 공부법, 둘씩 짝지어 큰 소리로 토론을 한다.

네 번째는 '글쓰기'다. 글쓰기는 다른 활동을 멈추고, 빈 종이에 생각을 정리하는 활동이므로 묵상과도 일맥상통한다. 그러나 글쓰기를 토론의 뒤에 배치한 것은 떠오른 생각을 바로 글로 쓰는 것이 아니라 토론을 통해 정제되고, 고양된 지식을 정리하는 것이 필요하다는 생각에서였다. 글쓰기가 묵상과 일맥상통한 것은 맞지만 묵상보다 훨씬 차원이 높은 활동이다. 글을 쓰기 위해서는 머리에 떠오른 잡다한 생각을 정리하는 과정을 필요로 하며, 나아가 기록된 내용은 본인뿐 아니라 그 글을 읽는 다른 사람으로 하여금 보다 깊은 사고를 가능하게 하기 때문이다. 한비야 작가는 "또렷한 기억보다 희미한 연필자국이 낫다."라고 했다. 아무리 잊어 먹지 않을 것 같은 사실도 시간이 지나면 왜곡되고, 잊히게 마련이다. 그러나 어린 시절 일기장은 수십 년이 지난 후에도 과거 친구들의 이름과 그때 있었던 사건을 또렷하게 알려준다.

단순한 기록을 위한 글쓰기도 있지만 여기서 말하는 글쓰기는 단순한 기록을 뛰어넘는 창작활동을 의미한다. 풍경을 그리더라도 자연파, 낭만파, 인상파, 야수파, 입체파, 그리고 초현실주의가 그리는 그림이 다른 것처럼 글쓰기 또한 작자의 생각과 표현기법에 따라 전혀 다른 내용이 된다. 일상에서 발견할 수 있는 내용을 글로 표현할 수도 있지만 새로운 사상을 표현할 수도 있고, 미래에 일어날 법한 일을 상상하여 쓸 수도 있고, 판타지 소설과 같이 전혀 있을 수 없는 일들을 꾸며낸 글도 쓸 수 있다.

스마트폰이 보편화되면서 메모나 음성메모, 또는 사진이나 동영상으로도 기록할 수 있으니 단순한 기록은 참 편리해졌다. 글쓰기 또한 컴퓨터와 인터넷이 생기면서 훨씬 편해졌다. 악필을 염려할 필요도 없고, 맞춤법도 알아서 바로 잡아 준다. 글을 쓰다 잘못된 부분이 있으면 쉽게 재편집할 수 있다. 글을 쓰다 모르는 내용이 있으면 인터넷을 통해 즉각 확인할 수 있고, 필요한 내용은 복사해서 쓸 수 있으니 참 편리하다. 글 속에 그림이나 사진도 넣을 수 있고, 다른 글의 링크도 달 수 있다. 게다가 작성한 글은 SNS 등을 통해 전 세계로 공개할 수 있으니 참으로 좋은 세상이다.

필자는 아이들에게 SNS를 권장했다. 생각을 정리해서 남에게 공개하고, 남으로부터 피드백 받음으로써 생각이 정리되고, 생각이 깊어질 수 있기 때문이다. 또한 아이들에게 출판을 권장했는데, 그 결과 첫째 아들은 《미국 넌 내거다》(맛있는공부, 2010), 딸은 《애들아 창의성이 밥먹여준대》(꿈의열쇠, 2012)라는 책을 출간했다. 요즘은 책의 편집을 개인이 할 수 있고, 도서제작에 큰 비용이 들지 않기 때문에 자비출판이 붐이 되고 있는 만큼 서랍 속에 과거에 작성해 놓은 글이 잠자고 있다면 자비출판에 도전해 보길 권한다.

[그림] 아들과 딸이 쓴 책

마지막으로 소개하는 것은 '자립'이다. 이것은 독서, 묵상, 토론, 글쓰기와는 다른 차원의 방법이다. 스스로 하게 하는 것이다. 남이 시키는 대로 할 때는 생각할 필요가 없다. 개인의 생각은 오히려 전체를 망치는 활동도 많다. 군대나 운동경기에서는 일사불란한 지휘체계가 필요하기 때문에 개인의 생각은 불필요하다. 그러나 그래서는 생각이 깊어질 수 없다. 실제로 뛰어난 감독은 벤치생활을 많이 한 사람이라는 것은 잘 알려져 있다. 개인의 자유로운 의견이 배제되는 군대식 상명하복 문화가 과거 가난했던 우리나라를 이렇게 잘 살게 한 것은 맞지만, 4차 산업혁명 시대에 그러한 문화는 진보를 막을 뿐 아니라 오히려 퇴행하게 만든다.

자기가 입고 싶은 옷을 골라 스스로 입게 하고, 읽고 싶은 책도 스스로 고르게 하며, 장래희망도 자녀 스스로 찾게 하고, 때로는 가족의 외식메뉴나 휴가계획도 자녀에게 일임해 준다면, 자녀는 많은 생각을 하게 된다. 혼자 집을 지키게도 하고, 혼자 여행을 떠나게 하는 것도 자녀를 성숙시키며, 창의성 있는 사람으로 만들 것이다. 엄마가 모든 것을 결정하는 환경에서 자라난 자녀는 스스로 생각하는 기회를 가지지 못해 창의성을 가지지 못하게 될 뿐 아니라 독립할 능력도, 의지도 없어 사회의 문제가 되고 있는 것이 오늘의 현실이다.

창의성을 가진 자녀로 키우고 싶다면 자녀로 하여금 독서를 하게하고, 경험과 지식을 쌓게 하며, 토론과 글짓기, 그리고 스스로 자립하게 함으로써 자녀에게 생각하는 능력을 가질 수 있게 해야 한다. 당장 등수 올리기보다 스스로 깊은 생각을 할 수 있는 자녀로 키우는 것 그것이 제대로 된 교육이다.

26

창의성 기르기: 4.
엉뚱하고 재치 있게 키우기

창의성은 엉뚱함과 연결된다. 남이 시도해 보지 않은 새롭고 기발한 방법을 고안하기 위해서는 과감한 파격이 필수적이다. 그러한 파격을 이해하지 못한 사람에게 그것은 엉뚱함이 되지만 이해하는 순간 그것은 재치가 되고, 위대한 발견이나 발명이 될 수 있다. 이처럼 창의성 있는 사람은 유머감각이 뛰어나고, 장난꾸러기인 경우가 많다.

그렇다면 어떻게 자녀를 엉뚱하고 재치 있게 키울 수 있을까?

제일 중요한 것은 '가정환경'이다. 평소 웃음이 많은 가정에서 자라난 아이들이 잘 웃고, 남을 잘 웃길 것이다. 자녀가 엉뚱한 말을 할 때, "쓸데없는 말 하지 마."라고 핀잔을 준다면 아이는 쓸데 있는 말까지 삼가게 될 것이다. 대화가 없고, 침묵이 흐르는 집, 자주 언성을 높이고 다투는 환경에서 자라난 아이는 재치 있는 사람으로 자라나기 쉽지 않다.

《논어》에는 공자가 평소 "식불어(食不語) 침불언(寢不言)", 즉 식사할 때도, 잠자리에서도 말이 없었다고 했다. 이런 영향으로 우리 가정에서는 식사시간에 많은 말을 하지 못하도록 가르쳤고, 잠자리 들면 바로 자도록 교육했다. 요즘은 밤늦게까지 공부하는 자녀와 직장일 등으로 늦게 귀가하는 식구가 많다보니 서로 얼굴 보기도 힘들다. 자녀의 숫자가 줄어드니 잠자리도 혼자다. 집에서 즐거운 대화를 나눌 시간이 점점 줄어들고 있다.

그러나 유대인이나 서양의 가정은 함께 식사를 하며 대화를 나누고, 거실에서 함께 모여 화기애애한 시간을 보내는 경우가 많다. 특히 유대인의 유머는 다른 민족들이 따라가기 힘들 정도로, 그들의 몸에 밴 유머감각과 긍정적인 자세는 모진 고난 중에도 그들을 지켜준 힘이 되었다. 유대인의 창의성은 그들의 유머에서 나온다고 해도 틀린 말이 아니다.

그러나 평소 유머감각이 부족한 부부라면 식탁에서 자녀와 함께 파안대소하기는 쉽지 않다. 필자는 자녀와 함께 코미디 프로를 볼 것을 제안한다. 개그콘서트, 코미디빅리그 등 연예 프로그램과, 코미디 장르의 드라마나 영화를 함께 보면서 웃고, 즐기는 시간을 가진다면 자녀가 웃음코드를 잘 이해하고, 재치 있는 대화가 익숙해지게 될 것이다. 어린이를 대상으로 만든 TV 프로그램이나 영화, 연극도 한바탕 웃음을 터뜨리게 하는 내용이 많다. 이런 것은 아이 혼자 보게 하는 것보다 아빠, 엄마가 함께 보며 즐기는 것이 좋다. 웃음은 전파되기 때문에 함께 웃는 것이 훨씬 재미있게 만들어 주며, 아이가 미처 이해하지 못한 것은 부모가 설명해줄 수 있어서 아이에게 재미를 배가시킬 수 있다. 그 때 받은 느낌은 그 이후에도 대화의 소재가 될 수 있으니 화목한 가정을 만드는데도 기여할 것이다.

두 번째, 부모가 집에서 '유머'를 자주 구사하는 것도 좋다. 인터넷에는 유머가 넘쳐난다. 유머는 상황을 비틀기 때문에 유머를 이해하는 과정에 아이는 지능이 발달하며, 유머감각도 늘어나게 된다. 또래 아이들이 자주 쓰는 단어나 상황을 공부해서 대화하는 것도 좋은 방법이다. 유머를 할 때 조심해야 할 것이 하나 있다. 남을 비하하거나 선정적, 폭력적인 유머는 피해야 한다는 것이다. 자녀에게도 그런 유머는 하지 않도록 지도해야 함은 물론이다.

자녀를 엉뚱하고 재치 있게 키우기 위한 세 번째 방법은 '장난'이다. 어색하고 힘들더라도 재치 있는 자녀로 자라나게 하기 위해 부모가 연구하고, 수고해야 한다. 주변에는 장난거리가 널려있고, 다른 도구가 없더라도 내 몸만 가지고도 많은 장난을 칠 수 있다. 인터넷에 보면 아빠나 엄마가 아기를 깔깔 거리게 만드는 영상들이 참 많다. 아기는 종이 찢는 소리만 들어도 웃고, 수건으로 얼굴을 감췄다 까꿍 하며 나오는 모습에도 자지러지게 웃는다. 조금 자라면 집안 여기저기에 숨었다가 나타나는 장난도 재미있고, 간단한 마술을 배워 아이들에게 보여줄 수도 있다.

잘 웃고, 생기발랄한 아이가 우울한 아이보다 성공할 확률이 훨씬 높다. 진짜 미소와 가짜 미소가 있다. 진짜 미소를 뒤센 미소(Duchenne Smile)라고 하고, 가짜 미소는 승무원 미소(Pan American Airline Smile)라고 부른다. 뒤센 미소는 양 입 꼬리가 위로 올라가고, 눈꼬리에 주름살이 있는 미소를 말한다. 눈 주위나 광대뼈 부근의 근육은 의도적으로 움직이기 쉽지 않기 때문에 미소가 진짜인지, 가짜인지 구분할 수 있다. 미국 버클리 대학교 졸업앨범에 대한 연구에서 뒤센 미소를 짓는 사람과 가짜 미소를 짓는 사람에 대해 추적 조사를 했는데, 둘 사이에는 결혼생활 만족도에 큰 차이가 있었다. 졸업 앨범에 뒤센 미소를 지었던 학생은 대개 30년 동안 행복한 결혼생활을 유지했고, 이렇게 행복한 삶은 외모와 상관이 없었다. 장난을 통해 밝게 웃는 아이는 결혼생활뿐 아니라 직장생활이나 사회생활도 성공적으로 해 나갈 것이다.

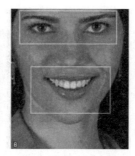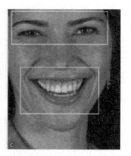

[그림] 두 번째 미소는 가짜 미소, 세 번째 미소가 뒤센 미소

네 번째 방법은 '오락'이다. 장난은 규칙이 없이 임의로 행해지는 것이지만 오락은 규칙에 따라 진행하는 놀이를 말한다. 그러나 오락에는 윷놀이나 주사위, 카드섞기 등 확률적인 요소가 개입되고, 오락에 참가하는 사람의 행위(윷놀이할 때 말 쓰는 전략은 사람마다 다르다)에 따라 전혀 예측할 수 없는 결과가 발생하기 때문에 흥미가 더해진다. 아이가 어른을 이길 수도, 초보자가 전문가를 이길 수도 있기 때문에 재미있는 것이 오락이다.

오락은 오락의 규칙을 이해하는 과정이 있기 때문에 어려운 오락일수록 배우기 쉽지 않다. 배우는 과정에 아이들의 지능이 발달하며, 오락을 하면서 수시로 스스로 판단을 해야 하기 때문에 선택하는 능력도 배우게 된다. 상대방의 생각과 숨겨진 패를 읽는 법, 그에 맞게 적절하게 대처하는 법, 포커페이스를 짓는 법도 배우며, 팀을 이뤄서 하는 게임에서는 협력과 작전의 중요성을 배울 수도 있는데, 이를 통해 창의성이 개발된다. 게임 중간에 의외의 상황에 폭소가 터지기도 하고, 승리의 환호와 패배의 탄식이 나오기도 한다.

오락은 종류가 참 많다. 윷놀이도 좋고, 카드게임, 보드게임 등도 좋다. 때로 가족이 함께 할 수 있는 인터넷 게임도 좋고, 가까운 게임방에 가서 온 가족이 즐기는 것도 좋다. 온 가족이 오락을 통해 신나게 즐길 수 있는 분위기의 가정이라면 자녀들은 정말 재치 넘치고, 창의성 있는 사람으로 자라날 것이다.

27.

창의성 표현하기

앞에서 창의적인 생각을 하게 하는 방법에 대해 설명했다. 이제 머릿속에 기발한 생각이 떠올랐다. 이제 어떻게 해야 할까?

창의성에 대한 정의를 다시 한 번 말해 보자. "창의성이란 독창적이면서도 유용한 것을 만들어내는 능력이다." 창의역량을 통해 떠오른 창의적인 생각은 표현되고, 실행되어야 한다.

그렇다면 창의적인 생각은 어떻게 표현되고, 실행될까? 아래 그림과 같이 다섯 가지로 정리해 보았다.

●말하기

제일 쉽고 빠른 것은 말이다. 언어를 통한 소통이다. 자신의 생각을 표현하기를 수줍어하고, 두려워한다면 아무리 뛰어난 생각을 많이 하더라도 창의적인 사람으로 인정받기 힘들다. 아이가 어릴 때부터 자신의 생각을 자신 있게 표현할 수 있도록 장려해야 한다. 거듭 반복해서 말하지만 고득점을 위한 공부만 하는 한국 교육에서 창의적인 생각을 자주 표현하는 것은 다른 사람의 공부를 방해하는 것밖에 되지 않는다. 조용히 선생님의 강의를 들어야 하고, 받아 적어야 한다. 모르는 것을 물을 수는 있지만 새로운 의견을 내는 것은 선생님과 친구들의 눈총을 받을 각오를 해야 한다.

큰아들이 미국에서 고등학교를 다닐 때 필자가 그 학교를 방문한 적이 있다. 교실 밖에서 수업하는 모습을 구경하는데, 마침 선생님이 학생에게 질문을 했다. 놀랍게도 많은 학생이 손을 들었다. 중학생도 아니고, 고등학생이 말이다. 놀랍고, 부러운 장면이었다. 물론 수업시간에 자는 친구는 하나도 없었다.

한국 학생이 미국으로 유학을 가면 수업시간에 여섯 번이나 놀란다고 한다.

먼저 선생님의 질문이 너무 쉬워서 놀란다. 아무나 답을 할 수 있는 쉽고 유치한 질문을 한다는 것이다.

두 번째 놀라는 것은 한국과 다르게 많은 학생들이 손을 들고 대답을 하려고 한다는 것이다. 한국 같으면 그저 하품이나 하고, 먼 산이나 바라보고 있을 텐데.

세 번째는 선생님의 지목을 받은 학생이 틀린 대답을 한다는 것에 놀란다. 저렇게 쉬운 질문에 틀린 답을 하다니, 이제 온 교실이 웃음바다가 되고, 저 학생은 바보가 되겠군…

네 번째 한국 학생은 또 다시 놀란다. 학생들이 아무도 비웃지 않고, 진지하게 듣는다는 것이다. 그렇다면 다른 친구들도 다 답을 모르고 있단 말인가? 그러나 선생님에게 혼이 나겠지…

다섯 번째, 그런데 선생님의 반응도 한국 학생에게 충격이다. 선생님은 그 학생의 답변을 칭찬한다. 그 답변을 한 이유를 묻고, 대화를 이어나간다.

마지막으로 한국 학생이 놀라는 것은 자신이 틀린 것인 줄 알았던 그 답변이 틀린 것이 아니라는 것이다. 아하, 그렇게 생각할 수도 있구나.

다양한 대답이 허용되고, 대답을 통해 새로운 지식을 유도하는 교육은 빠른 시간에 많은 정답을 찾아야 하는 한국의 교육환경에서는 거의 불가능하다. 남이 간 길을 실수 없이 따라가야 하는 신속한 추격(fast follow)이 필요한 과거 산업사회에서는 암기식 교육이 유효했지만, 4차 산업혁명 시기에서는 자유로운 질문과 답변이 없는 교육은 성공할 수 없다.

유대인들이 세계적으로 두각을 드러내는 가장 큰 이유는 질문을 자극하고, 토론을 자극하는 '하브루타'라는 뛰어난 교육법에 있다. 수첩에 의

존하고, 남이 써준 A4 용지를 읽는 지도자를 가진 나라, 자유로운 토론
이 결여된 문화에서는 새로운 시대를 이끌 수 있는 리더가 만들어질 수 없
고, 위대한 혁신이 일어날 수 없다.

2010년 11월 12일, 서울 코엑스에서 G20 폐막 기자회견장에서 오바마
미국 대통령이 말했다.

"개최국으로서 훌륭한 역할을 한 한국 기자들에게 질문권을 드리겠습
니다."

한국 기자들은 꿀 먹은 벙어리가 되었다. 통역을 지원하겠다고 해도 질
문이 없기는 마찬가지였다. 그러자 중국 CCTV 기자가 아시아를 대표해
서 질문을 하겠다고 일어섰고, 당황한 오바마 대통령이 한국 기자를 찾
았지만 질문자가 없어 결국 중국 기자가 질문하는 난감한 일이 있었다.

이 영상은 EBS에서 만든 다큐멘터리 〈왜 우리는 대학에 가는가〉에서
다시 소개되어 보는 이로 하여금 얼굴을 뜨겁게 하
였다. 다큐멘터리는 질문이 사라진 학교의 문제점
을 여실히 보여준다. 우측 QR코드를 통해 해당 동
영상을 찾을 수 있다.

아이들이 어릴 때는 사리에 맞지 않는 말도 자주 한다. 그럴 때 핀잔
을 주기보다 왜 그런 생각을 하게 되었는지 물어보면 아이 나름대로의 논
리가 있을 수 있다. 그 논리에 잘못이 있으면 지혜롭게 수정해 주면 되지,
아예 아이의 표현을 막는 것은 옳지 못하다. 그래서 소크라테스의 문답
법은 어리석음을 발견하게 하는데, 지혜를 깨닫게 하는 좋은 방법론이 된

다. 표현하지 못하고, 마음에 담아두면 화가 되고, 병이 된다.

●글쓰기

생각은 말로도 표현되지만 글로 쓰이기도 한다. 요즘은 단문 메시지만 사용하다 보니 문장이 엉망이다. 감정을 토로하는 것은 단문 메시지로 가능할지 몰라도 창의적인 생각, 고민의 결과로 얻어진 발견을 단문으로 전달하기란 쉽지 않다. 논리가 있어야 하고, 전달하려는 내용이 명확하게 문장 속에 담겨야 한다. 읽고 싶은 문장으로, 쉽게 이해할 수 있도록 작성되어야 한다.

일기장을 검열하며 틀린 맞춤법을 찾아내어 혼을 내는 부모를 가진 아이가 글쓰기를 좋아할 리 없다. 또래만 읽을 수 있는 난해한 축약어로 쓰인 글은 창의적인 생각을 전달하는 매개체가 될 수 없다. 글쓰기를 좋아하게 만들어야 하고, 글을 다양한 사람들과 공유하는 것을 즐기도록 유도해야 한다.

세 자녀 중 한 아이가 초등학교 일학년 때 아내가 심각한 표정으로 말했다.

"큰일 났어요. 받아쓰기 시험을 40점 받았어요."

절반도 못 받았으니 큰일은 큰일이다. 아이를 불러서 물었다.

"애야, 내용은 아주 재미있는데 맞춤법은 엉망인 사람의 글과, 내용은 재미가 하나도 없는데 맞춤법이 아주 정확한 사람의 글이 있다면 너는 누구의 글을 읽겠니?"

"당연히 재미있는 사람의 글을 읽겠죠."

"그래 맞다. 맞춤법보다는 글의 내용이 훨씬 중요하지. '게'인지 '개'인지 고민하다가 쓰려고 했던 내용을 잊어버리는 것보다는 맞춤법은 틀리더라도 재미난 글을 잘 써 내려가는 것이 훨씬 중요해. 네가 재미있는 글만 쓰면 그 글을 교정해 주는 사람은 얼마든지 구할 수 있단다. 글씨 쓰기도 똑같아. 예쁘게 잘 쓰면 좋겠지만 못 써도 아무 문제가 없다. 어차피 이제는 컴퓨터로 글을 쓸 테니까."

그리고 아내에게 이야기했다.

"아이들 일기장에서 맞춤법 틀린 글자를 지우개로 지우고, 고쳐 쓰는 일을 하지 말아요. 아이들이 맞춤법에 스트레스 받아 일기 쓰는 재미를 잃어버리면 더 큰 일이거든요."

많은 엄마들이 아이의 일기장을 검열하면서 틀린 글자를 찾으면 지우개로 벅벅 지우며, 아이를 불러 잔소리를 한다. 그래서야 아이가 일기를 쓰고 싶을까? 물론 맞춤법은 중요하다. 그러나 그보다 더 중요한 것은 일기쓰기를 즐기는 것이며, 글쓰기를 좋아하는 것이다. 글쓰기를 좋아하도록 분위기를 만드는 것이 받아쓰기 백점 맞는 것보다 훨씬 중요하다.

결국 우리 아이들은 맞춤법에 스트레스 받지 않고, 글쓰기를 즐겼다. 글쓰기를 좋아하다보니 맞춤법 실력도 저절로 좋아졌으며, 지금은 어떤 사람들보다 맞춤법이 정확하다. 글 쓰는 재미를 가르치면 글을 잘 쓰게 될 뿐 아니라 맞춤법도 자연스레 따라오는 것이다. 게다가 두 명의 자녀는 책을 출판하기까지 했다.

초등학교 시절 맞춤법 시험에서 백점을 턱턱 받아 부모의 기쁨이었던 아이들이 자라서 인터넷에 올린 글을 읽으면 참으로 가관이다. 문장도 아니고, 맞춤법도 엉망이다. 그러나 어쩌랴, 그들의 맞춤법이 엉망진창이 된 것은 맞춤법 때문에 글쓰기를 싫어하도록 했고, 당장의 성적 때문에 책 읽을 시간을 줄이도록 했던 어른들 탓인데...

연필로 글을 쓰는 것이 불편한 친구들이 있다면 아래아한글이나 워드와 같은 워드 프로세스를 가르치는 것도 좋겠다. 타이핑이 빨라지면 생각을 정리하는 것도 빨라지고, 틀린 부분을 쉽게 수정할 수 있으며, 저장된 글은 다음에도 쉽게 볼 수 있으니 굳이 연필을 사용한 글쓰기를 가르칠 필요는 없을 것 같다.

창의적인 생각은 예술작품으로 표현되기도 한다. 예술은 예술가의 생각을 표현하는 도구이며, 그러한 예술에는 미술과 음악, 그리고 무용 등이 있다. 그러나 우리의 예술교육은 입시에 치우치고 있어서 심각한 문제다. 자신의 생각과 느낌을 자유롭게 표현하는 대신 심사위원의 마음에 드는, 평가기준에 맞추는 예술을 강요당하고 있기 때문이다. 좋은 대학에 들어가야 성공할 거라고 믿는 부모와 학교, 학원의 가르침에 세뇌된 학생들은 그저 주어진 과업을 익히기에 급급한 입시교육에 매몰되는 것이다. 스멀스멀 피어나는 창의성의 도발을 즐기고 표현할 생각을 하지 못한 채 교사의 눈치만 살피는 수동적인 학생들이 뛰어난 예술가가 될 수 없다.

최근 인공지능은 유명화가의 작품과 흡사한 그림도 그려내고, 소설도 쓰고, 작곡도 한다. 실제로 쿨리타란 인공지능이 작곡한 바하풍의 음악은 전문가들도 구분해내지 못했다고 하니 무서운 일이다. 인공지능의 작품은 몇 초 만에 뚝딱 만들어지며, 저작권도 없다. 그러나 인공지능의 창작은 과거의 패턴을 학습한 결과이며, 과거에 없었던 새로운 패턴을 발견하기는 쉽지 않다. 결국 주어진 과제, 선배의 시선에 드는 작품활동을 했던 사람의 작품은 인공지능을 이길 수 없다.

잠재 예술가들이 자신의 생각을 자유롭게 표출할 수 있는 환경을 만들어야 한다. 엉뚱한 낙서를 보고, "이게 무슨 그림이야"라고 핀잔하지 말자. 그 아이가 장차 피카소가 될는지 모른다. 이상한 춤사위를 보이는 장난꾸러기가 장차 위대한 무용가로 성장할지 모른다. 그리고 그러한 창의성이 학문으로 향했을 때 위대한 발명을 해내고, 사업으로 향했을 때 대단한 제품과 서비스를 만드는 기업가가 될 수 있다.

창의적인 생각은 제품이 되기도 한다. 생각은 도면을 거쳐 제품으로 만들어진다. 생각이 제품이 되기 위해서는 평소 뚝딱거리며 만들기를 좋아해야 한다. 앞에서 언급한 창고가 필요하다. 그러나 창고가 사라진 대부분의 집에서 자란 요즘 아이들이 직접 물건을 만들어보기는 쉽지 않다. 필자가 중학교 다닐 때 쓰레받기 만들기를 했는데, 그때 만든 쓰레받기가 한동안 집에서 사용되었다.

그러나 다행한 것은 요즘 메이커 운동(3D 프린터나 공구 등을 이용하여 자신이 생각한 물건을 직접 만들어 보도록 하는 활동: 저자 註))이 확산되고 있다는 점이다. 3D 프린터가 보편화되고, IOT(Internet of things의 약자로 사물인터넷으로 번역되기도 한다. 센서와 모터, 통신기능이 결합되어 다양한 기능을 제공하는 기기 내지 그러한 개념을 가리키는 말: 저자 註) 제품 키트들이 잘 나와 있어 아이디어를 제품으로 구현하기가 훨씬 수월해졌다. 아이들과 함께, 아이들이 생각한 아이디어를 실제 제품으로 구현해 보는 시간을 가져보자. 아이들의 창의성이 물씬 피어나고, 쓸데없는 생각들이 쓸모 있는 제품으로 바뀔 것이다.

● Software

지금은 컴퓨터와 인터넷으로 설명되는 정보통신기술, 약칭 ICT 시대다. ICT 시대의 제품은 소프트웨어(software, 컴퓨터 프로그램을 가리키는 말로 형태를 가지는 기존의 물건, 즉 하드웨어[hardware]와 구분하기 위한 표현.: 저자 註)다. 소프트웨어는 형태는 없으나 컴퓨터나 로봇, 그리고 전자기기 속에 탑재되어 사람이 원하는 일을 수행하도록 해준다. 자동차의 많은 기능을 소프트웨어가 하고 있으며, 가전제품에도 소프트웨어가 이용된다. 오늘날 많은 창의성은 소프트웨어로 표현되기 때문에 소프트웨어를 만드는 프로그래밍 또는 코딩능력이 매우 중요하다.

그런데 프로그램은 프로그래밍 언어(programming language)로 만들어진다. 사람이 생각한 것을 기계가 이해할 수 있도록 설명하기 위해 만들어진 언어가 바로 프로그래밍 언어이며, 이 언어를 사용하여 컴퓨터에게 일을 시키도록 만들어진 것(프로그램, 또는 코드)이 소프트웨어이다. C, C++, C#, 자바, 포트란, 코볼, 베이직, 파스칼, 스몰토크, HTML, UML, XML, SQL, 어셈블리어 등 용도와 분야에 따라 다양한 프로그래밍 언어가 존재한다.

프로그래밍 언어는 언제 배워야 할까? 당연히 빨리 배우는 것이 좋다.

일반적인 언어는 태어나서 엄마를 통해 배우는 것이 가장 좋지만, 프로그래밍 언어는 컴퓨터와 대화를 하는 것이기 때문에 컴퓨터의 기능을 이해한 이후인 초등학교 고학년이나 중학교 때 프로그램을 배우는 것이 좋다. 이 무렵에 프로그램에 심취한 많은 젊은이가 세계적인 기업을 만들고, 세계적인 소프트웨어를 개발했다. 그러나 우리나라는 먼저 대학에 합격한 후 프로그래밍을 배우기 시작한다. 늦다, 많이 늦다. 우리의 소프트웨어 경쟁력이 떨어지는 것도 알고 보면 코딩을 늦게 시작한 때문이며, 경쟁력이 없으니 흥미가 없고, 흥미가 없으니 심취하지 않는다. 혹시 아이가 컴퓨터를 가지고 놀기를 좋아하면 코딩을 권해보는 것도 좋다. 머리에 떠오른 생각을 컴퓨터에게 잘 시키는 사람은 상상할 수 없는 분량의 일을 상상할 수 없이 빠르고, 정확하고, 효과적으로 처리할 수 있다. 코딩 능력은 ICT 시대 최고의 역량이다.

● Team

마지막으로 창의력을 표현하는 방법은 팀, 즉 조직이다. 창의적인 생각을 혼자 할 필요는 없다. 컴퓨터에게 시킬 수도 있지만 많은 경우에는 사람이 필요하다. 영웅들은 자신의 창의적이고 도전적인 생각을 조직을 통해 이룰 수 있었던 사람이며, 뛰어난 기업가들 역시 대담한 꿈을 팀을 통해 성취한 사람들이었다. 창의성이 제대로 표현되기 위해서는 소통력이 필수적임은 두말할 필요가 없다.

한국인은 협력을 잘하지 못한다고들 한다. 우리나라에 영세 개인사업자가 많은 이유는 협력에 능하지 않기 때문이다. 그래서는 큰 생각을 구현할 수 없고, 세계적인 비즈니스를 할 수 없다. 어릴 때부터 친구들과 잘 어울리게 만들고, 다양한 계층의 사람들과 함께 새로운 일을 잘 꾸미는 아이로 만들어야 한다.

창의적인 생각을 잘 하는 아이, 그리고 떠오른 생각을 말과 글, 예술작품, 제품 또는 소프트웨어를 통해, 그리고 팀을 만듦으로써 잘 표현하고, 실행하는 능력을 가진 아이가 미래의 주인공이 될 것이다. 창의성을 기르는 것은 4차 산업혁명 시대를 살아가야 할 개인에게 필요한 최고의 혁신이다.

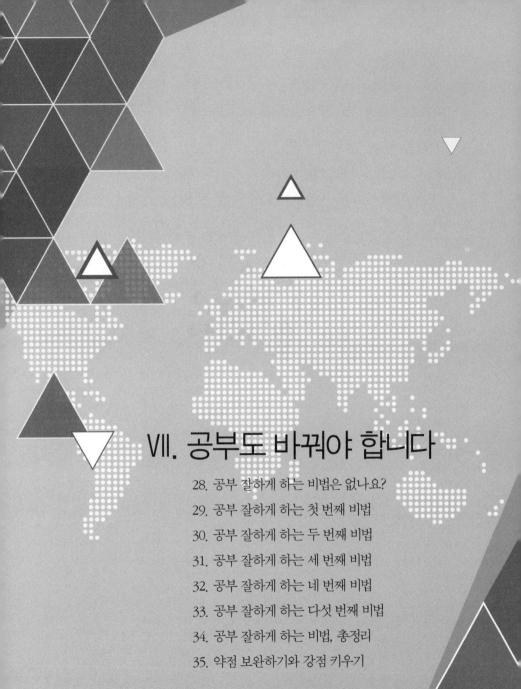

VII. 공부도 바꿔야 합니다

VII.
공부도 바꿔야 합니다

28.

공부 잘하게 하는 비법은 없나요?

창의성에 관한 글에서는 공부에 관한 이야기가 별로 없었다. 실제로 필자는 평소에 현재 부모들이 자녀의 성적향상을 위해 흔히 하고 있는 일들을 하지 말라는 이야기를 많이 한다. 선행학습 하지 마라, 집을 독서실로 만들지 마라, 재수 시키지 마라, 학원 보내지 마라, 암기과목 공부하지 마라, 하기 싫은 수행평가 하지 마라, 시험공부 많이 하지 마라, 취약과목 따라 잡지 마라, 맞춤법 중요하지 않다, 성적으로 혼내지도 칭찬하지도 마라, …….

이런 질문을 자주 받는다.

"그러면 아이가 공부를 하건 말건 내버려 두란 말인가요?"

절대 그렇지 않다. 핏덩이로 이 땅에 태어난 우리의 사랑스러운 자녀들이 자라나서 스스로의 길을 개척하고, 나아가 다른 사람들에게 도움을 주는 사람이 될 수 있도록 하려면 자녀들을 능력 있게 키워야 하고, 당연히 공부도 시켜야 한다.

유대인은 전 세계 인구 중 0.2%에 불과하지만 노벨상 받은 사람 중 23%를 차지한다고 한다. 뿐만 아니라 유대인이 전 세계 금융계를 쥐락펴락하며, 세계 사상계, 학교, 정치계 등 주요한 분야에서 가장 두각을 드러내는 것을 보면 뭔가 교육에 신통방통한 방법이 있는 것 같다. 그래서 많은 사람들은 유대인이 뛰어난 유전자를 가졌을 것이라고 생각한다. 그러나 유대인은 생김새만 봐도 단일민족이 아니다. 실제로 유대인은 아슈케나지, 세파라디, 팔라샤 등 백인, 황인, 흑인 등 다양한 인종의 집합체이니 유대인의 우수성은 유전적인 차이보다는 그들의 교육방식에서 나온다고 봐야 할 것이다.

그래서 유대인의 교육방법인 하브루타(나이, 성별을 불문하고 두 명이 짝을 지어 논쟁을 통해 진리를 찾는 것: 저자 註)를 접목하려고 하는 사람도 있고, 자녀에게 탈무드를 읽히는 가정도 있다. 필자는 유대인 교육의 전문가가 아니며, 여기서 유대인 교육을 소개하려고 하는 것도 아니다. 사실 유대인은 가정과 친족, 그리고 사회가 다음 세대의 교육을 위해 함께 힘을 모으지만 우리나라는 서로가 물어뜯고, 치열하게 경쟁하고 있다. 그들의 선민사상, 그리고 박해를 통해 체득된 그들의 공동체 의식과 역사정신을 우리가 배우기는 쉽지 않다. 그래서 우리나라에서는 우리에 맞는 공부 방법이 있어야 한다.

이 책의 마지막 부분에서는 우리나라의 공부에 있어서 필요한 혁신을 소개하기로 하겠다. 돈도 별로 들지 않고, 힘도 들지 않으며, 자녀의 건강도 유지하고, 가족의 화목도 지켜내면서 경쟁력 있는 자녀로 키우는 법이다.

　물론 평균점수가 높은 아이를 만들자는 것은 아니다. 어느 분야, 어느 과목이 될지는 모르지만 남들에게 인정받는 탁월한 자녀로 키우기 위해 필요한 공부의 혁신을 이야기하고자 한다.

　기대되지 않는가?

29.

공부 잘하게 하는 첫 번째 비법

자녀가 공부 잘하게 하는 첫 번째 비법은 운동을 좋아하게 하는 것이다.

공부하는 비법을 가르쳐 준다고 해놓고, 대뜸 운동을 하라니 '속았다'라는 느낌이 들 수도 있겠다. 절대 속지 않았다. 물론 공부 잘하는 우리나라 학생들 중에 약골이 많지만 진짜 큰 학문적 업적을 이룬 사람들은 대부분 신체적으로 건강한 사람들이다.

2019년 5월 8일자 조선일보에 고등학교 때까지 야구선수였던 장권수(33세)란 사람의 기사가 소개되었다. 그는 전교 꼴찌로 고등학교를 졸업했으며, 스무 살 때 영어 소문자 p와 q도 구분하지 못했다고 한다. 그러던 그가 지난해 사법시험에서 109명 중 18등으로 합격을 했다. 어떻게 이런 일이 가능했을까? 필자 주변에도 이런 사례는 참 많다. 사설을 그치고, 본론으로 들어가 보자.

이성적으로는 동의가 되지만 실제 행동으로 옮기지 못하는 것이 많지만, 그 중의 하나가 자녀의 건강을 지켜주는 것이다. 자녀에게 중요한 것이 첫째도 건강, 둘째도 건강, 셋째도 건강이라고 하면서 실제로는 공부에 밀려 건강에 해로운 요구를 하는 것이 다반사다.

필자는 주말에 자주 가족들과 산에 가거나 자전거를 탔고, 한강의 고수부지나 근처 학교 운동장에 놀러가서 공놀이를 했다. 이러한 운동은 시험 바로 전 주말을 제외하고는 계속 이어졌다. 시험이 있는 두 주 전 토요일이나 일요일에도 아이들을 데리고 꼭 한두 시간씩 공놀이를 했다. 오히려 아이들이 짜증을 내기도 했다.

[그림] 사법연수원에서 법전을 든 장권수 씨(조선일보 사진)

"아빠, 이제 시험이 8일밖에 안 남았어요."

그러나 필자는 아이들에게 공부도 중요하지만 건강이 더 중요하다고 설명을 했고, 아이들과 함께 땀을 흘리며 운동을 했다. 그리고 공부계획표를 세울 때 운동계획도 반드시 포함시키도록 했다.

공부를 위해 한 달 전부터 일체의 운동을 금하는 부모와 학생들이 많다. 결국 공부를 위해 건강을 희생하는 것인데, 그것은 정말 소탐대실이다. 야외의 밝은 햇살 아래서 가족과 함께 땀을 흘리며 운동을 하면, 기분이 상쾌해져서 운동으로 빼앗긴 시간을 상쇄하고도 남을 정도로 성적에 긍정적인 영향을 미치게 된다. 그리고 아이들은 속으로 '아빠 엄마는 성적보다 내 건강을 더 소중하게 생각하는구나.'라고 생각할 것이다. 많은 어린이들이 부모에 대해 느끼는 불만은 자기 부모가 성적만 강조하는데서 출발한다.

물론 이렇게 자기 아이들을 자랑하는 부모들도 있다.

"우리 애는 한 달 전부터 공부만 해요."

그건 자랑이 아니다. 아이가 공부에 대한 부담으로 운동을 하지 않는다면 그 부담에서 아이를 벗어나도록 해야 한다.

나의 학창시절을 떠올리더라도 고등학교 3학년 들어서면서 체력저하로 공부에 심각한 지장을 겪는 친구가 많았다. 부모의 의지였든, 자의였든 평소 공부를 위해 건강을 돌보지 않았던 친구들이었다. 결승점을 앞에 두고 탈진해서 레이스를 포기하는 것은 얼마나 안타깝고, 어리석은 일인지 모른다.

막내 아들이 어릴 때 집근처에 체능단이 있었다. 물론 유치원에서도 운동은 하지만 운동을 위주로 하는 체능단이 그에게 도움이 되리라는 생각에서 체능단에 보냈다. 체능단에서의 규칙적인 운동이 막내의 건강은 물론이고, 지능계발에도 긍정적인 영향을 주었다고 생각한다.

운동 중에는 단체경기가 지능개발에 좋다. 많은 수의 선수가 함께 경기를 하려면 상대방 팀뿐 아니라 자기 편 선수들의 움직임과 그들의 생각을 읽고, 경기의 흐름을 읽어야 한다. 이러한 과정이 순간적으로 계속 일어나기 때문에 아이들의 두뇌는 공부할 때보다 훨씬 많은 일을 하게 되고, 지능이 발달하게 되는 것이다. 팀 내에서 자신에게 맡겨진 역할을 수행하는 훈련을 통해 길러지는 책임감과 다른 친구들과의 친밀감 또한 아이의 성장에 긍정적인 영향을 준다. 앞에 소개한 장권수 씨의 경우도 야구가 그의 성공에 큰 기여를 하였음에 틀림없다.

자녀들이 미국에 교환학생으로 갔을 때 그리 크지 않은 학교들이었지만 학교마다 다양한 종목의 운동부가 있어서 거의 모든 학생이 체육 활동을 했다. 연습만 하는 것이 아니라 비슷한 규모의 학교들끼리 다양한 리그전을 벌이기도 했다. 이를 통하여 학생들에게 건강한 체력과 정신을 가질 수 있도록 했으며, 스포츠에 재능 있는 학생이 자연스레 발굴되었다. 대학에 들어가기 전에 다양한 운동을 통해 체력을 기르고, 단체활동을 통한 배려와 협력, 인내력, 투지 등을 기르고 있었는데, 고등학교 때 이런 경험을 충분히 하지 못한 한국 학생들이 유학생활에서 좌절을 경험하는 것은 어쩌면 당연한 결과일지 모른다.

돌이켜 보면 아이들이 공부할 때 공부에 가장 큰 방해요인은 필자였다. 걸핏하면 학교를 보내지 않고 가족여행을 다녔고, 저녁마다 가정에 배를 드렸으며, 주말마다 함께 운동을 했다. 학원에 못 다니게 하고, 재미난 코미디 프로가 있으면 불러서 같이 보자고 했으며, 심지어 잘못했을 때는 다음날이 시험이더라도 엄하게 혼을 냈다. 그래서 우리 집에서 자주 되풀이되는 대화는 이런 것이었다.

"아빠, 시간 없어요. 공부해야 돼요."

"괜찮아. 성적 떨어져도 좋아."

아이들은 공부가 죽어도 하기 싫은데, 부모가 성화 내는 집보다 아빠가 자꾸 공부를 방해하지만 아이들은 공부가 하고 싶은 집이 더 멋지지 않은가? 성적은 차치하고라도…….

30

공부 잘하게 하는 두 번째 비법

공부를 잘하게 만드는 두 번째 비법은 독서다.

동물의 감각은 변화하지 않는 물체나 현상보다 변하는 것에 관심을 둔다. 그래서 냄새가 오래되면 느끼지 못하고, 지속적으로 들려오는 바람소리나 자동차 소음은 들리지 않는 것이다. 시각 또한 움직임이 없거나 익숙한 물체들에는 별 관심을 두지 않는다. 변하는 것들이 나에게 위협이 되거나 유익을 가져올 수 있는 것이기 때문이다. 강아지나 고양이는 작은 소리나 움직임에도 계속 귀를 쫑긋하고, 고개를 움직인다. 한 곳에 집중하지 못하고, 계속 새로운 것으로 관심을 돌린다.

그런데 활자가 나오고, 책이 보편화되면서 사람들의 감각에는 큰 변화가 생겼다. 변하는 것에 관심을 끊고, 변하지 않는 활자에 눈길을 고정하는 것이다. 독서삼매경에 빠지는 사람은 자신의 눈과 귀에 전달되어 오는 소리와 움직임에 관심을 두지 않고, 도망갈 리 없는 활자에 집중한다.

자꾸만 새로운 것에 관심을 돌리게 되면 깊은 생각으로 빠져들 수 없지만 독서는 책의 내용에 집중함으로써 깊은 사고 속으로 들어가도록 한다. 독서하는 내내 두뇌의 여러 곳에 분산되어 저장된 정보를 끌어 모으고, 비교하고 분석하며, 다시 수정하여 저장하는 작업을 지속한다. 결국 독서는 두뇌 전체를 자극하는 것이며, 생각하는 능력을 길러줌으로써 지능발달을 돕고, 우리를 지혜롭게 만들어 준다. 실제로 인류의 철학, 문학, 예술, 과학의 급격한 발달은 구텐베르크 활자 이후에 만들어졌다고 해도 과언이 아니다. 책을 읽으면서 하나의 주제에 깊이 몰입할 때 보다 나은 생각을 할 수 있고, 새로운 발견을 하게 되는 것이다.

그런데 스마트폰이나 인터넷은 하나의 주제에 빠져드는 것을 방해한다. 화면 가득 우리의 시선을 자극하는 광고나 기사제목 때문에 우리는 끊임없이 새로운 링크를 클릭한다. 정보를 찾기 위해 인터넷에 접속했으나 하릴 없이 이곳저곳 돌아다니며 엉뚱한 내용만 보는 것은 일상에서 자주 경험하는 일이다. 인터넷 화면에서 긴 글 읽기는 정말 어렵다. 스마트폰과 인터넷은 깊은 생각에 빠지는 것을 막고, 결과적으로 두뇌발달을 심각하게 해친다.

앞에서 설명한 내용은 니콜라스 카가 쓴《생각하지 않는 사람들》의 내용을 요약한 것이다. 일독을 권한다. 이지성 작가가 쓴《리딩으로 리드하라》, 즉 독서를 통해 리더가 되라는 책 또한 독서의 장점과 독서하는 방법을 잘 기록한 베스트셀러다.

어린이와 청소년에게 독서는 정말 중요하다. 특히 자녀들이 공부를 잘하길 바라는 부모의 입장에서 자녀들에게 하는 독서지도는 너무나 중요

한 일이다. 스마트폰에 얼굴을 처박고 하루 종일 시간을 보내는 아이들이 절대 공부를 잘할 수 없다. 책에서, 대화에서 맥락을 찾아내지 못하는 두뇌를 가지고 깊은 사고를 할 수가 없는 것이다. 스마트폰을 놓고, 책을 잡도록 해야 한다.

자녀에게 책을 읽힐 때는 세 가지를 명심하자.

먼저, 아이들이 스스로 책을 찾고, 읽고 싶은 책을 고를 수 있도록 해야 한다. 권장도서 목록을 주면서 읽으라고 하는 것은 독서를 숙제로 만드는 것이다. 강요에 의한 독서는 효과가 없다. 책의 내용 속으로 빠져 들어가는 것이 아니라 불만을 품은 채 책장만 넘기며, 두뇌를 쓰지 않고, 책에 눈길만 준다. 자녀가 독서습관을 가지게 하려면 부모가 독서의 모범을 보이는 것, 함께 도서관이나 서점을 가는 것, 읽을(구입할) 책을 아이가 고를 수 있도록 하는 것 등이 있을 것이다.

둘째, 부모가 자녀와 함께 같은 책을 읽고 토론을 하면 정말 좋다. 자녀가 독서를 통해 얻은 감동과 지식을 나눌 수 있도록 한다면 독서의 효과는 배가가 된다. 무슨 책을 읽는지 부모가 관심을 보여주지 않는다면 독서에 대한 열정이 식을 가능성이 높다. 함께 토론을 하면 아이는 자신이 보지 못한 측면을 부모로부터 발견할 것이며, 자신의 감상을 소개하면서 대화의 기술도 늘고, 책의 내용도 잘 기억하게 될 것이다.

마지막으로 교과서나 참고서를 반복해서 보는 것은 독서가 아니라는 것을 명심해야 한다. 흥미를 가지고, 새로운 정보 받아들이고, 두뇌 여기저기에 저장된 정보를 끄집어내어 비교하고, 분석하는 것이 아니라 이미 알고 있는 것을 잊어버릴까봐 두뇌에 반복적으로 기록하는 것이므로 창의성을 죽이고, 책에 대한 흥미를 잃게 한다. 이미 언급한 바 있지만 능력(ability)을 기르는 것보다 역량(capability)을 기르는 것이 중요하다. 성적을 올리기 위해 독서할 시간을 줄이는 것은 참으로 바보 같은 선택이다.

우리나라의 독서량은 선진국에 비해 터무니없이 적다. 도서 판매량의 상당수는 참고서와 학습서, 시험대비 서적들이며, 대단할 것도 없는 자기개발 서적들이다. 이러니 우리나라의 실력이, 국가 경쟁력이 떨어질 수밖에 없다. 창의력이 길러질 리 없다. 모든 분야에서 다른 나라에 속수무책으로 밀려나는 것은 어릴 적부터 책읽기를 멀리하는 우리의 나쁜 습관 때문이다.

소통의 중요성이 강조되고 있다. 남의 대화를 이해하고, 말로 표현하는 이면에 숨겨진 생각을 읽는 법을 배우기에 제일 좋은 방법은 역시 독서다. 많은 독서를 하고, 그것을 함께 나눌 수 있는 환경이 제공된다면 당장은 성적이 오르지 않는 것 같지만 어느 순간 대화를 통하여, 성적을 통하여 폭발적으로 성장하는 자녀의 모습을 발견할 수 있을 것이다.

다시 한 번 말하지만 자녀들에게 책을 읽게 하는 제일 좋은 방법은 부모가 먼저 책을 읽는 것이다. 야근을 줄이고, 회식도 줄여 집에 일찍 들어가서 책 좀 읽자. TV를 끄고, 인터넷을 끄고, 스마트폰을 내려놓고, 제발 책 좀 읽자.

주말에는 아이와 함께 도서관을 찾자. 아이가 자라나 스스로 가까운 도서관을 찾아가서 읽고 싶은 책을 고를 수 있다면 아이의 성공은 필자가 보장한다.

31.

공부 잘하게 하는 세 번째 비법

공부 잘하게 하는 세 번째 비결은 자녀가 장래희망을 가지도록 하는 것이다. 재미난 이야기를 하나 소개한다.

개구쟁이 둘째 아들은요. 어릴 때부터 절 얼마나 힘들게 하는지 칭찬해 줄만한 것이 별로 없었어요. 그런데 어느 날 목욕탕에서 목욕하고 나오면서 청소를 말끔히 해 놓고 나온 거예요. 편해진 만큼 당연히 칭찬을 해 주었지요. 그것이 내 아이가 처음 받은 유일한 칭찬이었었나 봐요.

그 다음부터 제 아들의 장래 희망은 '청소부'가 되었어요. 학급에서 엄마들 모임이 있었는데 아이들 사물함마다 장래희망이 붙어있었는데 어느 아이의 사물함에는 '청소부', 이렇게 적혀있는 거예요. 엄마들 웃을 때 저는 한 수 더 떠서 귀엽다면서 손뼉을 치며 따라 웃었는데 끝나고 보니 제 아들 창우도 같이 웃고 있었어요. 그 다음부터는 귀여운 게 아니라 답답함이었지요.

공부를 못해서 그러는 줄 알고 공부 좀 시키자 하고 영어학원을 보냈어요. 며칠 후 우연히 일기장을 보게 되었는데 영어공부를 죽도록 열심히 잘 하겠다네요. 내심 웃으면서 '성공이다.' 하고 있었는데 일기장의 마지막에 마무리가 기절할 만 했어요. 영어공부를 열심히 해서 미국 빌딩 청소부가 되겠노라고.

창우는 학교가 끝나면 파김치가 되어 돌아와요. 제 반 담임선생님은 물론이고, 옆 반 선생님까지, "창우야 창우야, 훌륭한 청소부가 되기 위해서 연습하자."

매일 이 반 저 반 어지러운 신발장 정리는 물론이고 애들이 싫어하는 구석구석 청소, 화장실 청소를 지쳐가면서 해댑니다.

저는 답답해했던 마음을 바꾸기로 했습니다. 자기 일을 저렇게 힘차게 한다면 반드시 인생이 행복할거라고요.

창우가 영어공부를 잘했을까, 못했을까? 장래희망을 가지도록 하는 것이 왜 공부 잘하는 비결인지 이해가 되었을 것이다. 물론 희망이 바뀔 수도 있다. 그러나 꿈을 이루기 위해 노력하며 쌓았던 실력은 다른 공부의 바탕이 된다. 또한 쌓은 실력은 다른 희망을 이룰 수 있는 기본이 되기 때문에 바뀐 희망은 보다 더 구체적이고, 실현가능성이 높아지게 될 것이다.

문제는 목적이 없는 공부다. 학생들에게 장래희망을 물으면 거의 대부분 '모르겠어요.'라고 한다. 목적 없이 하는 공부, 지겨울 수밖에 없고, 성과 내기 힘들다.

아이에게 물어라.

"네 꿈이 뭐니? 뭐가 되고 싶니?"

장래 희망보다 높은 단계는 삶의 비전과 목적이다. 어릴 적에는 철없이 이것저것 자신의 꿈을 이야기하지만 사춘기가 되어 보다 넓은 안목을 가지게 되면 자신의 삶을 통해 사회에 공헌할 수 있는 숭고한 뜻을 품게 되는 것이다. 그러한 숭고한 뜻은 나태함에 빠지는 것을 막아주고, 좌절을 이길 수 있는 힘을 준다.

댄 세노르와 사울 싱어가 쓴 《창업국가》에 보면 이스라엘인들의 핵심 목표는 '지구상에 흩어져 있는 유대인의 안전을 지키는 것'이라고 한다. 돈을 벌기 위해 사업을 시작하고, 코스닥에 등록하는 순간 기업을 팔기 바쁜 우리나라 기업에 비해, 여러 가지 이유로 많은 위험에 처해있는 유대인들에게 필요한 기술을 끊임없이 개발하는 이스라엘 기업의 기술이 훨씬 뛰어날 수밖에 없다.

맏아들이 중학교 3학년, 7월 하순에 올림피아드 물리시험을 치르게 되었다. 아들이 수학과 물리를 좋아하여 시험을 보려고 한 것이었는데, 당시 이 시험에서 은상 이상을 받으면 많은 과학고에 특별전형으로 합격할 수 있었던 것도 시험을 치르게 된 이유 중의 하나였다.

그런데 5월경에 아들이 교회에서 떠나는 5일 동안의 베트남 선교여행에 참가하고 싶다고 이야기했다. 문제는 그 기간이 시험 보기 한 주 전이라는 사실이었다. 아들에게 물었다.

"올림피아드 시험에 안 좋은 결과를 미칠 텐데, 그래도 갈래?"

"네, 꼭 가고 싶어요."

필자는 허락을 하면서 대신 그 전에 충분히 공부를 하라고 했다. 그런데 더 큰 문제는 선교여행 때 현지에서 가질 공연을 위해 한 달 전부터 매주 두 번씩 연습을 해야 했고, 마지막 주에는 매일 모여서 연습을 해야 한다는 것이었다. 결국 마지막 두 주 동안 올림피아드 공부를 포기해야 할 판이었다. 어차피 결정한 것이니까 연습에 참가하도록 허락했다.

한 달 동안의 공연연습, 그리고 5일 동안의 베트남 선교여행을 보낸 후 한 주가 지나서 시험을 보았다. 결과는 동상이었다. 역사에 가정이란 없다지만, 아들이 베트남 선교여행을 가지 않았다면 은상 이상 받았을 가능성이 높았고, 그랬다면 어렵지 않게 원하던 과학고에 진학할 수 있었을 것이다. 아쉬움은 있었지만 후회는 하지 않았다.

아들은 선교여행을 통해 많은 성숙이 있었다. 선교여행을 다녀온 후 의사가 되어 어려운 사람을 돕겠다는 비전을 이야기했다. 물론 과학고는 가지 못했지만 그러한 뜻을 품은 채 미국에 교환학생으로 떠났고, 지금은 인공지능을 통하여 사람의 두뇌를 진단하는 기술을 개발하고 있으니 그 비전을 계속 이루어가고 있는 셈이다.

필자는 세 자녀에게 나중에 온 가족이 함께 어려운 사람들을 돕는 일을 하자고 자주 이야기를 한다. 돈은 수단이지 목적일 수 없다. 자녀들에게 공부하는 높은 차원의 목적을 가질 수 있도록 하면 공부도 재미있어지고, 바른 인생을 살아갈 수 있게 된다.

[그림] 속도보다는 방향이 중요하다.

●꿈이 없는 아이

자신에게 동기를 부여할 만한 미래에 대한 꿈과 희망을 갖고 있지 못한 아이들도 많이 있다. 이러한 아이는 목적이 없는 공부를 하기 때문에 공부가 짐이 되고, 힘든 과정이 되고 만다.

꿈을 이야기하지 않게 된 이유는 무엇일까?

먼저, 아이의 바람과 무관한 꿈을 부모가 강요할 때 아이는 자신의 꿈을 이야기하지 않게 된다. 자녀의 재능이나 좋아하는 것을 무시하고 사회에서 인기 있는 직업을 가지기 원할 때 아이는 자신의 꿈을 꾸지 못하게 된다. 자녀가 그것을 하기를 원한다면 자연스레 그것을 선택하도록 만들어야 한다. 그러나 사람마다 개성과 재능이 다르므로 절대 부모의 선택을 강요해서는 안 된다.

둘째, 아이의 꿈에 부정적인 반응을 보인다면 아이는 자신의 꿈을 감출 것이다. 청소부가 되고 싶다고 이야기할 수도 있고, 대통령이 되고 싶다고 할 수도 있다. 이런 꿈을 이야기할 때 하찮은 거라고 꾸짖거나, 터무니없는 꿈이라고 좌절시켜서는 안 된다. 말도 안 되는 희망을 이야기하더라도 진지하게 들어주고, 격려해 주어야 한다. 그런 다음 여유를 가지고 스스로 잘못된 희망을 바꿀 수 있도록 해야 한다.

셋째, 성적으로 과도한 스트레스를 받거나 여러 가지 이유로 자신감이 결여되어 있다면 미래에 대한 꿈을 꾸기 쉽지 않다. 자신은 무능한 존재라는 생각, 자신은 아무 것도 이룰 수 없을 거라는 불안감이 새로운 꿈을 꾸지 못하게 한다. 이런 아이에게는 자주 선택의 기회를 줘야 한다. 음식이나, 여행지를 고를 때, 외출복을 선택할 때, 자녀가 스스로 고를 수 있도록 침착하게 기다려줌으로써 자존감과 자신감의 회복을 도울 수 있다.

마지막으로, 부모의 극진한 돌봄으로 인해 자녀가 독립을 상상하지 못하는 의존적이고 나약한 아이가 되는 경우도 있다. 꿈과 희망은 대개 독립을 의미하는데, 공주나 마마보이로 자라난 자녀는 감히 그러한 불경한 꿈을 꿀 수 없는 것이다. 그저 부모의 배려 속에 하루하루 살아가는 것을 행복인양 살아가게 된다. 지나친 배려와 지원은 자녀를 나약하게 만든다. 지나친 것은 해롭다. 과유불급이다.

자녀들이 꿈을 꾸지 못하는 데는 시대적인 이유도 있다. 지속적으로 성장하던 산업화 시대는 새로운 일자리가 계속 생겨났고, 미래에 대해 긍정적인 꿈을 품기가 쉬웠다. 그러나 급격한 기술 발전으로 미래를 예측하기 힘들고, 경제전망마저 불투명해지면서 미래를 준비하는 것이 어려워지는 것도 사실이다. 높아만 가는 청년 실업은 청소년들에게 큰 불안으로 다가오고 있다. 이럴 때일수록 자녀가 미래에 대한 불안감을 덜고, 미래에 대한 긍정적인 꿈을 꿀 수 있도록 부모가 자녀와 더불어 많은 대화를 해야 한다.

● 바람직하지 않은 꿈을 가진 아이

자녀가 스스로 꾸는 꿈이 능력 있는 자녀를 만든다.

그런데 자녀가 (부모가 볼 때) 바람직하지 않은 희망을 이야기하는 경우는 어떻게 할까? 우리 집에서 있었던 사례를 소개할까 한다.

막내아들은 초등학교 시절부터 컴퓨터 게임과 핸드폰(당시에는 스마트폰이 없었다) 게임을 좋아했고, 스타크래프트라는 게임의 중계방송을 자주 보았다. 막내는 방송에 나오는 프로게이머들의 특성과 성적을 줄줄 외웠다.

어느 날 막내에게 장래희망을 물었더니 아니나 다를까 프로게이머가 되고 싶다고 했다. 필자는 "그렇구나, 넌 충분히 잘 할 수 있을 거야."라고 말했다.

며칠 뒤 프로게임 중계를 보고 있는 막내에게 물었다.

"전에 잘 나가던 선수들이 안 보이네?"

"아, 걔네들 한물갔어요. 요즘 새로운 선수들이 얼마나 잘하는데요."

"그래? 그 선수들 나이가 얼마쯤 되지?"

"한 스무 살 정도요."

"그러면 그 사람들은 이제 뭐 하지"

"잘 모르겠어요. 공부는 안 했으니 할 수 있는 게 별로 없을 것 같은데..."

"나이도 많지 않은데 할 수 있는 일이 없으면 어떡하지?"

"그러게 말이에요. 다른 일을 찾아야겠네요."

"다른 일 찾으려면 쉽지 않을 텐데."

결론은 내리지 않았다.

며칠 뒤 막내가 내게 말했다.

"이제 저 프로게이머 안 하기로 했어요."

필자는 그제야 안도의 숨을 내쉬었다. 막내가 친구들 중에 게임을 제일 잘하는 부류에 속한 건 사실이었다. 그러나 막내도 깨달은 것처럼 게임을 해서 괜찮은 수입을 지속적으로 유지한다는 것은 거의 불가능한 일임에 틀림이 없으니, 아이가 그 꿈을 포기해 준 것은 참으로 다행한 일이다. 물론 게임이 재미있으면 게임 개발자가 되는 것은 어떠냐고 물어도 보았다. 결국 막내아들은 지금은 컴퓨터공학과에서 열심히 공부하고 있으니 어릴 적 컴퓨터에서 게임을 하느라 자판을 두드리던 것이 긍정적으로 영향을 미친 것이라고 생각한다.

지금 당장 재미있다고 미래에도 계속 재미있는 것은 아닐 수 있으니 아이의 선택을 무조건 지지하는 것이 능사는 아니다. 그러나 그렇더라도 자녀의 선택을 윽박질러서 포기하게 만드는 것이 아니라 일단 경청하고, 격려해준 후 차츰 지혜로운 방법을 생각해서 자녀를 바른 길로 인도해야 한다.

그리고 그 꿈이 자녀의 성적에 긍정적인 영향을 미치게 될 것이다.

창우 이야기를 해주면 가끔 이런 질문을 받는다.

"그러다 진짜 청소부가 되면 어떻게 해요?"

참 걱정도 팔자다. 자기가 좋아서 청소부가 되었는데 뭐가 문제란 말인가? 그것도 보통 청소부가 아니라 미국의 빌딩 청소부인데... 그러나 아마 창우는 청소부가 되지 않았을 가능성이 높다. 창우의 영어실력을 본 선생님께서 "창우 너는 영어를 잘하니 외교관이나 무역을 하면 돈 많이 벌겠다."라는 말을 해서 창우가 꿈을 외교관으로 바꿀 수도 있다. 분명한 것은 영어를 잘했기 때문에 외교관의 꿈을 꿀 수 있게 된 것이다.

그리고 창우의 꿈을 더 크게 할 수 있는 또 하나의 비결이 있다. 이것은 다섯 번째 비법에서 설명하겠다.

32

공부 잘하게 하는 네 번째 비법

공부 잘하게 하는 네 번째 비결은 가정을 행복한 곳으로 만드는 것이다.

유대인 가정을 생각하면 떠오르는 이미지가 여러 가지 있지만 그 중의 하나가 유쾌함이다. 탈무드에는 유머와 재치가 가득하며, 대학살을 다룬 영화에서도 끝까지 미소를 잃지 않는 유대인들의 모습을 쉽게 발견할 수 있다. 가장 천재라고 하는 아인슈타인의 얼굴을 떠올리면 익살스레 혀를 내민 모습이 먼저 생각난다. 그 역시 유대인이다.

많이 웃는 가정은 소통이 잘 되는 가정이며, 가정의 행복이 자녀에게 자존감을 심어주고, 어려움을 이겨낼 수 있는 면역력을 가지게 한다. 가화만사성이라는 말처럼 집에서 울려나오는 웃음소리는 자녀를 성공으로 이끄는 지름길이 된다. 웃는 얼굴에 침 못 뱉는다는 말처럼, 어려움을 허허실실 웃음으로 이기는 사람의 길에 성공이 있을 수밖에 없다. 유머감각은 다른 사람에게 호감을 주는 좋은 방법이기도 하니, 자신과 자녀의 성

[그림] 아인슈타인의 천재성은 유쾌함에서 오지 않았을까?

공을 꿈꾸는 사람은 가정을 웃겨야 한다.

　또한 공부는 유쾌한 상태에서 할 때 효과적이다. 뇌에 대한 많은 연구에서 공통적으로 발견하는 사실은 기분이 좋을 때 공부한 것이 잘 기억되고, 기분 나쁠 때 암기한 것은 잘 기억되지 않는다는 것이다. 부모에게 혼이 난 후 하는 공부, 성적에 대한 스트레스로 위축된 상태에서 하는 공부는 효과가 별로 없다. 신나게 웃고 들어가서 하는 공부는 효과가 배가된다. 만면에 미소를 띤 학생들과 세상의 모든 고민을 다 끌어안은 표정의 학생 중 누구의 성적이 좋을까? 누구의 장래가 밝을까?

내가 제일 좋아하는 TV 프로그램은 코미디 장르이다. 코미디 프로가 시작되면 아이들을 불렀다.

"아빠, 시험공부 해야 돼요."

"괜찮아. 이거 보고 공부해."

주위에는 작은 유머에도 빵빵 터지는 사람들이 있는가 하면, 어지간한 유머에도 굳은 표정을 풀지 않는 사람들이 있다. 유머감각이 떨어지는 사람들은 경직된 가정환경에서 자란 경우가 많다. 사십 대가 되면 자신의 얼굴에 책임을 져야 한다고 하는데, 이왕이면 미소가 만든 주름을 가지는 것이 좋지 않을까? 사회적 지위가 높아짐에 따라 억지로 미소를 절제하여 입꼬리가 근엄하게 밑으로 처진 사람들을 볼 수 있는데, 자녀의 성공을 원한다면 그런 표정을 가정에까지 가져가서는 안 된다.

재미난 가정에서 한 걸음 더 나아가 행복한 가정을 만들어야 한다. 가정의 행복은 행복한 부부 사이에서 시작하며, 엄마, 아빠의 행복한 모습은 자녀의 성적에 긍정적인 영향을 미치게 된다. 아이들에게 부모의 불화는 엄청난 스트레스를 주며, 심리적으로 불안한 자녀의 성적이 좋을 리 없다.

자녀의 성적 탓하기 전에 부부 사이, 그리고 가정의 화목한 정도를 점검해 보자.

33.

공부 잘하게 하는 다섯 번째 비법

공부 잘하게 하는 마지막이자, 다섯 번째 비결은 '넛지(Nudge)'다.

이 책을 읽는 분들 중 '아라시'를 아는 분은 많지 않을 것 같다. 딸이 초등학교 6학년 무렵부터 아라시 타령을 하기 시작했다. 일본에서 유명한 남성 오인조 가수들이라고 했다. 그 무렵 딸은 아라시가 나오는 일본 동영상에 빠져서 살았다. 다섯 명의 가수는 음악프로와 쇼프로는 물론이고 드라마에도 여러 편 출연하였는데, 딸은 거의 매일 한 시간 이상 아라시가 나오는 동영상을 보았다.

어느 날 아라시 동영상을 보는 딸에게 말했다.

"얘야, 동영상을 보는 것은 좋은데, 한글 자막이 없는 것으로 보면 좋지 않을까?"

동영상을 볼 때마다 은근히 내 눈치를 살피던 딸이 표정이 밝아지며 말했다.

"정말이에요? 알았어요, 이제부터 자막이 없는 것을 찾아서 볼게요."

딸은 자신이 보고 싶은 동영상을 마음껏 볼 수 있도록 허락을 받았으니 신이 났다. 그 이후 딸은 한글 자막이 들어가지 않은 영상을 찾아서 보기 시작했고, 동시에 일본어 실력도 무섭게 성장했다. 중학교 2학년 때부터 일본어를 제2외국어로 배웠는데, 일본어 성적은 거의 매번 전교 일등이었다. 이런 성적은 고등학교에서도 이어졌다.

[그림] 넛지 표지, 어미 코끼리가 새끼를 쿡 찌른다.

이런 걸 '넛지'라고 한다. '넛지'라는 말은 '팔꿈치로 슬쩍 찌르다'라는 뜻인데, 리처드 탈러, 캐스 선스타인이 쓴 동명의 책을 통해 널리 알려졌다. 이 책에는 상대방이 눈치 채지 못하게, 자기가 원하는 방향으로 넛지하는 다양한 지혜와 사례가 담겨 있다. 아라시 동영상을 보게 하되 자막이 없는 동영상을 권함으로써 일본어 실력이 몰라보게 향상되게 한 것이 넛지며, 이전 글에서 프로게이머가 되고 싶었던 아들의 생각을 바꾼 것도 넛지다.

자녀들이 좋아하는 것이 공부에 방해가 될 때 무조건 못하게 하는 것보다 오히려 재미있게 공부를 하게 하는 방향으로 슬쩍 방향을 틀도록 해 준다면 좋은 결과를 얻어낼 수 있다. 조립식 장난감을 좋아하는 어린이라면 물리지식을 이용해서 보다 고차원적인 작품을 만들도록 유도한다든가, 게임매니아에게 영어 매뉴얼을 같이 해석하면서 영어공부에 흥미를 가지도록 할 수도 있다. 당구를 치면서 물리를 공부하고, 술을 마시면서 유기화학을, 담배연기를 뿜으면서 유체역학을, 그리고 도도한 여자의 마음을 얻으려고 심리학을 공부했다고 하지 않았던가.

고등학교 친구 중에 중고 전자제품을 해체하고, 조립하던 것을 즐기던 친구가 있었다. 2학년 때 부모가 공부에 방해된다고 고물상을 전전하며 애써 모았던 모든 수집품들을 싹 버려 버렸는데, 그 부모가 넛지를 아셨더라면 어땠을까 하는 생각해 본다.

장래희망을 가지게 하고, 그 희망을 달성하는 과정을 슬쩍 자극하는 것, 이 또한 좋은 넛지다. 지난 글에서 창우가 영어공부를 하게 된 것도 의도하지는 않았지만 결과적으로 넛지효과라고 할 수 있다.

세 번째 비법의 마지막에서 언급했던 창우의 꿈을 더 크게 해주는 비결이 바로 넛지다. 만약 필자가 창우의 아빠라면 주변에서 빌딩과 관련된 사람을 찾을 것이다. 운이 좋으면 빌딩 주인을 만날 수도 있지만 빌딩 관리인도 좋고, 빌딩 청소부도 좋다. 그분을 만나 창우에게 빌딩을 구경시켜주는 것이다. 평소에는 들어갈 수 없는 빌딩의 관제실, 엘리베이터 속, 공조시스템 등을 보여주면서 창우에게 슬쩍 이야기해 보자.

"이야, 빌딩이 이렇게 복잡한 걸 몰랐네. 이런 걸 설계하는 사람은 정말 대단하고, 멋있네."

아마 하루 이틀 지나고 창우가 말할지도 모른다.

"아빠, 나 빌딩 설계하는 사람 될래요."

그러면 기다렸다는 듯이 말한다.

"그래? 힘들 텐데. 건축이나 토목을 하려면 수학을 잘해야 하는데 잘할 수 있겠어?"

이게 바로 넛지다.

딸과 연관된 이야기를 하나 더 소개해본다.

딸이 고등학교 1학년 때의 일이다. 4월 21일(수)~23일(금) 사흘 동안 국제 심포지움에 발표를 하기 위해 일본 오사카로 출장갈 일이 생겼다. 그 다음 주 월요일에서 목요일까지는 딸의 고등학교에서의 첫 번째 중간고사 기간이었는데, 딸의 일본 사랑을 익히 아는 필자가 딸에게 물었다.

"얘야, 아빠가 네 시험기간 전 주에 일본 오사카로 출장을 가게 되었는데, 같이 갈래."

딸은 펄쩍펄쩍 뛰면서 좋아했다. 염려하는 표정을 짓던 아내도 흔쾌히 딸의 일본여행을 동의해 주었다.

'시험 전주에 외국여행이라니, 도대체 제 정신이야.' 하고 걱정하실 분이 많을 것 같다. 성적이 떨어지면 안 된다는 다짐을 받았지만, 딸의 성적이 꽤 떨어질 거라고 생각했다. 그렇더라도 이 여행이 딸의 인생에 긍정적인 영향을 미칠 거라는 확신이 있었다.

딸은 일본으로 가기 전에 최선을 다해 공부했다. 일본으로 갈 때는 공부할 것을 챙겨서 갔다. 비행기에서도, 이동하는 기차에서도 공부를 했다. 창밖으로 지나가는 일본의 풍경에 계속 눈이 돌아가긴 했지만. 나의 일정은 목요일 아침에 시작되는 것이어서 일본에 도착한 수요일 저녁 함께 오사카 구경을 나갔다. 서너 시간 시내를 구경했는데, 마침 벚꽃이 활짝 피었던 오사카 성은 얼마나 멋있었는지 모른다. 그 뿐 아니라 TV에서나 보았던 일본의 다양한 모습을 보는 딸의 표정은 흥분으로 가득했다.

산책을 마치고 호텔로 돌아가는 택시에서는 딸이 운전사와 제법 괜찮은 일본어로 대화를 했다. 운전사가 아라시가 일본에서 제일 인기 있는 그룹이라고 했을 때는 마치 자기 일인 것처럼 기뻐하며 나에게 으스대었다.

둘째 날, 나의 일정이 있던 동안 딸은 호텔에서 공부를 했으며, 점심때는 혼자 나가서 식사도 하고, 슈퍼에서 물건도 샀다. 그리고 저녁에는 심포지움 주최 측에서 해변 선상파티를 열었는데, 여기도 딸과 함께 갔다.

2박3일 밖에 되지 않는 짧은 여행, 그것도 시험에 대한 부담이 가득한 오사카 여행이었지만 딸에게는 아마 일평생 가장 행복한 여행 중 하나였을 것이다.

마지막으로 여기까지 읽으신 분들이 궁금해 하실 시험결과를 밝히겠다. 오히려 성적이 훨씬 올랐다는 만화 같은 스토리로 일본여행이 매듭지어졌으면 좋겠지만 그렇지는 않았다. 그러나 성적이 크게 떨어지지는 않았다. 공부할 시간이 줄어든 것은 사실이지만 그만큼 집중했기 때문에 부족한 공부시간을 상쇄해준 것이다.

시험을 며칠 앞두지 않은 고등학생 딸을 믿고 일본출장에 초대해준 아빠에게 딸은 많은 고마움을 표현했다. 아마 이 때 만들어진 부녀 사이의 신뢰는 이후 딸의 인생에 큰 도움을 주었으리라 생각한다.

34.

공부 잘하게 하는 비법, 총정리

공부 잘하게 하는 비법을 다음과 같이 다섯 가지로 설명했다.

첫째, 운동을 좋아하게 만들어라.

둘째, 독서를 하게 하라.

셋째, 장래희망을 가지게 하라.

넷째, 행복하고, 즐거운 가정을 만들어라.

다섯째, 넛지하라.

진짜 이것이 공부를 잘하는 방법일까? 실제 유대인의 가정이 그렇고, 학문적으로 뛰어난 업적을 남긴 사람들이 공통적으로 이야기하는 것이다. 선천적으로 가지고 태어난 유전자의 문제가 아니라 후천적인 교육방식의 문제다. (물론 천재의 경우는 선천적인 영향이 많긴 하지만 일반적이진 않다.)

그러나 우리의 교육현장을 보면 슬프게도 이와 정반대로 치달리고 있다.

유치원 시절부터 오로지 성적을 올리기 위해 선행을 하고, 문제집을 풀며 실내에서 시간을 보내고 있으니 우리나라 청소년들의 체력과 건강상태는 엉망이다. 육체의 건강이 좋지 않으면 정신 건강에도 문제가 많다. 건강한 육체에 건전한 정신이 깃드는 법이다.

교과서와 참고서, 그리고 외국어 교재, 각종 자격증 교재를 외우느라 제대로 독서할 시간이 거의 없다. 도서관을 가보면 도서관에 소장된 그 많은 책들은 볼 생각을 하지 않고, 집에서 가져온 책만 파고 있다.

장래희망도 꿈도 사라진 지 오래다. 꿈이 없으니 공부해야 할 이유를 찾지 못하고, 방향이 없으니 특정과목에 집중하지 못하고, 전 과목의 성적을 올려야 한다. 이유를 알지 못하는 공부는 재미도 없고, 결과도 좋지 않다.

공부하라고 몰아치는 짜증스런 잔소리만 가득하고, 숨도 제대로 못 쉬는 가정이 많은 것이 오늘날 우리나라의 현실이다. 나쁜 성적표를 가져가는 날이면 부모 사이에 언성이 높아지고, 살벌한 분위기가 연출된다.

지혜로운 넛지 대신 자녀 삶의 방향과 목표가 일방적으로 정해지고, 강압적으로 몰아치는 환경에 자녀는 움츠러들거나 참지 못하고 폭발하고 만다. 그렇게 살아온 대한민국의 젊은이들은 미래를 개척할 의욕도, 역량도 가지지 못한 떼쟁이가 되어 버렸다.

그렇게 공부, 공부하던 우리의 젊은이가 막상 4차 산업혁명 시대를 이끌만한 실력이 없다는 말을 들으면 화가 난다. 4차 산업혁명 시대에는 수학, 물리, 그리고 프로그래밍 분야에 탁월한 실력이 있어야 하지만, 오로지 평균 백점을 맞기 위해 했던 공부를 반복하고, 반복하던 아이들이 탁월한 실력을 가질 리 만무하다.

다시 한 번 다섯 가지 비법을 읽고, 실천해 보자. 이미 늦었다고 생각할 수도 있겠다. 그러나 늦었다고 생각될 때가 가장 빠른 때이다.

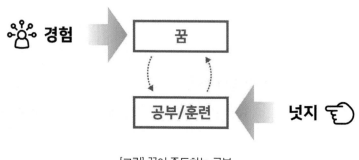

[그림] 꿈이 주도하는 공부

다섯 가지를 요약하면 이렇게 정리할 수 있다. 꿈이 이끄는 공부가 제대로 된 성과를 만들어내며, 또한 그렇게 쌓은 실력은 그 꿈을 보다 강화시켜줄 것이며, 때로 보다 더 큰 꿈으로 도약하게 하는 기본이 된다. 이른바 꿈이 주도하는 공부(Dream driven study)다.

그래서 아이들에게 꿈을 물어야 한다. 꿈을 가지게 해야 한다. 그런데 그 꿈은 경험을 통해 생겨난다. 한 번도 보지 못한 미래를 상상하긴 어렵다. 여행을 통해, 직장방문을 통해, 멘토와의 만남을 통해, 독서를 통해, 가족 간 대화를 통해 다양한 경험을 하도록 해야 한다.

꿈을 가지고 있더라도 열심히 하지 않는 경우가 더 많다. 꿈을 꾼다고 꿈이 다 이루어진다면 우리는 월드컵 우승을 열 번도 더했을 것이며, 노벨상도 수없이 탔을 것이다. 열심히 하지 않는 자녀에게는 슬기로운 넛지(nudge)를 통해 자신을 다 잡을 수 있도록 해야 한다.

경험을 통해 멋진 미래를 꿈꾸고, 그 꿈을 달성하기 위해 열심히 노력하는 자녀와 부드러운 넛지를 통해 자녀를 응원하고 격려하는 지혜로운 부모가 우리나라에 넘쳐나길 바란다.

35

약점 보완하기와 강점 키우기

공부 잘하는 방법을 설명하였는데, 부모들이 자주하는 또 다른 질문이 하나 있다. 취약과목은 어떻게 해야 할까요?

"취약과목 따라잡기", "취약과목 보강하기"

방학만 되면 흔히 들을 수 있는 광고들이다. 잠깐 생각해 보자. 왜 특정과목이 취약과목이 되었을까? 제일 큰 이유는 그 과목이 공부하기 싫어서일 것이다. 하기 싫은 과목의 성적을 높이기 위해 방학기간을 투자를 한다? 참 재미없는 방학이 될 것 같다. 그리고 그만큼 잘하는 과목에 투자할 수 있는 시간도, 에너지도 줄어든다.

또 다른 이유로는 재능이 있음에도 미처 그 재능을 발굴하지 못했거나, 좋은 선생님을 만나지 못해 과목에 대한 흥미가 떨어진 경우도 있을 수 있다. 그런 경우라면 따라잡고, 보강할 필요가 있을 것이다. 그리고 노력만 한다면 짧은 시간에 좋은 결과를 가져올 가능성이 높다. 그러나 아무리 해도 좋은 결과가 나오지 않는 취약과목에는 투자할 필요가 없다는 것이 나의 주장이다.

　물론 살아가는데 반드시 보완해야 할 필수적인 분야가 있다. 대체로 그것은 학교에서 배우는 과목들은 아니다. 유목민, 즉 노마드 시대에 반드시 필요한 소통력, 적응력, 도전정신, 실력, 감사하는 마음, 그리고 그에 앞서 기본을 갖추는 일(본인의 책 《노마드대디》의 내용: 저자 註)에는 취약하지 않아야 한다. 그러나 학교에서 배우는 과목에 다소의 취약점이 있어도 살아가는 데 그리 문제 되지 않는다. 물론 진학에는 심각한 영향을 줄 수 있지만 오늘날에는 졸업장이 미래의 성공의 보증은 아니다.

　그럼에도 취약과목을 따라잡아야 한다고 하는 이유는 무엇일까? 결국 평균점수를 높여 등수를 높이고, 내신성적을 높이고, 좋은 학교에 진학하기 위해서이다. 반복되는 이야기지만 흥미 없는 과목의 점수를 높이는 시간과 노력을 이미 백점 받은 과목에 더 투자한다면 평범한 백점은 탁월한 백점이 될 것이다. 같은 백점이니 평균 점수에는 변화가 없을지 모르지만 장차 두각을 드러낼 수 있는 기반을 마련하게 되는 것이다.

　"한 과목만 잘해서 어떻게 해요?"라고 반문할 수도 있겠다. 그러나 탁월한 한 과목은 관련된 여러 과목의 성적을 끌어올린다. 수학을 잘하면 과학 성적도 높아진다. 국어를 잘하는 학생들은 여타 과목에서의 이해도도 높다. 음악을 잘하는 사람들이 수학적인 재능도 함께 계발되며, 한 분야에 탁월한 사람들은 철학이나 역사 등에 대한 통찰력도 높아지게 된다.

　사람이나 조직에는 장점과 단점이 함께 존재한다. 그렇다면 성공을 위해서는 아래와 같이 두 가지 전략이 있을 것이다. 약점을 보완하는 전략과 강점을 키우는 전략. 어느 것이 좋은 방법, 또는 효과적인 방법일까? 성공한 사람들은 취약과목을 보완해서 성공했을까, 잘하는 분야에 더욱 매진해서 성공했을까?

분명 개인이나 조직의 성공확률은 장점을 강화할 때 높아진다. 특출나지 않고, 남들보다 약간 잘하는 정도의 것으로는 성공할 수 없다.

그렇다면 개인의 단점은 어떻게 보완할 수 있을까? 그건 내부의 팀이나 외부 전문가의 도움을 얻어서 해결할 수 있다. 중국 전국시대의 맹상군은 전국에서 각 분야의 탁월한 사람들을 불러 모았다. 심지어 닭울음소리를 잘 내는 사람, 도둑질 잘하는 사람들을 모아 팀을 꾸렸는데, 계명구도(鷄鳴狗盜)란 고사는 그러한 팀이 만들어낸 이야기다. 한 분야의 탁월함을 가진 사람은 쉽게 다른 사람들과 팀을 꾸리고, 도움을 얻을 수도 있다. 탁월한 분야가 있는 사람에게 취약과목은 문제가 되지 않는다.

약점 보완하기 ➡ ⬅ **강점 키우기**

[그림] 성공하는 두 가지 전략

또한 외부 전문가의 도움을 얻는 것도 좋은 전략이다. 이제 우리나라에서도 컨설팅 내지 아웃소싱(조직의 일을 외부의 다른 조직에 위탁하는 것으로 주로 회계, 법무, 인사, IT 관련업무 등을 아웃소싱: 저자 註) 하는 경우가 많아졌지만 서양의 경우 내부의 문제를 외부 전문가에게 의뢰하는 컨설팅과 아웃소싱이 우리나라보다 훨씬 활발하게 이루어진다. 최근에는 긱경제(Gig economy, 외부 전문가에게 초단기로 업무를 위임하는 행위가 늘어나면서 만들어진 용어: 저자 註)라는 말이 나올 정도로 전문가에게 업무를 맡기는 일이 빈번해진다. 목적을 위해 조직 내의 사람에게 의존하지 않고, 최고의 전문가를 찾아 맡길 수 있다면 시간과 비용, 그리고 효과측면에서 훨씬 뛰어난 해결책이 될 수 있다.

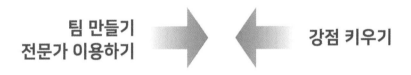

팀 만들기
전문가 이용하기 ➡ ⬅ 강점 키우기

[그림] 약점을 보완하는 두 가지 방법

이렇게 팀을 만들고, 외부의 전문가를 섭외하기 위해 반드시 필요한 역량이 소통력이다. 즉 필요한 사람이나 조직을 찾고, 그들을 설득하여 자신의 팀에 합류시키거나 일을 의탁할 수 있어야 한다. 단순한 소통이 아니라 고도의 협상이 필요할 수도 있을 것이다. 함께 함으로써 양자가 모두 이익을 볼 수 있는 윈윈 전략을 만들어 내고, 이를 설득할 수 있는 훈련이 필요하다.

4차 산업혁명 시대에 우리 자녀들의 공부는 창의력과 소통력으로 혁신해야 한다

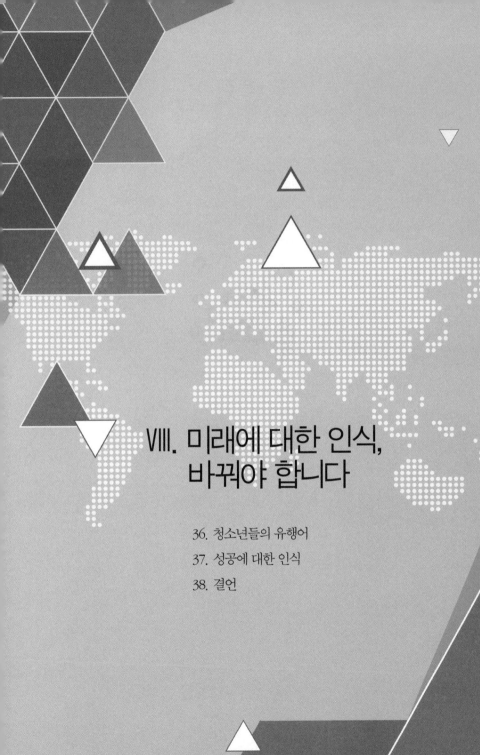

VIII. 미래에 대한 인식, 바꿔야 합니다

VIII.
미래에 대한 인식,
바꿔야 합니다

36

청소년들의 유행어

요즘 젊은이들이 자신의 처지를 비관하면서 만든 유행어를 정리해 보았다. 읽기만 해도 한숨이 나오고, 가슴이 무너진다.

- 헬조선: '지옥과 같은 우리나라'라는 뜻

- 센송: '조센징이라 죄송합니다'

- 이생망: '이번 생은 망했다'

- 노오력: 노력해도 극복이 불가능한 사회구조를 비꼬는 말

- 흙수저, 은수저, 금수저: 부자로 태어난 아이가 은수저를 물고 태어났다라는 서양 속담에서 생겨난 말로, 태어난 환경에 따라 금수저, 은수저, 흙수저로 부름

- 워킹푸어: 일해도 가난에서 벗어날 수 없는 근로빈곤층을 부르는 말

- 문송: '(취직이 안 되는) 문과출신이라 죄송합니다'

- 지여인: 가장 취직이 어려운 조합이라고 하는 지방대 출신, 여자, 인문학과 졸업생을 부르는 말

- 화석선배: 취업난으로 취업 전까지 졸업을 미루는 'NG(No Graduation) 족'이 늘면서 학교를 오래 다니는 고학번 선배를 부르는 말

- 서류가즘: 서류전형에도 계속 탈락해서 서류전형에 합격하면 오르가즘처럼 기쁨이 최고조에 달한다는 뜻

- 자소설: 취업을 하기 위해 소설처럼 꾸며서 쓰는 자기소개서

- 인구론: 인문계 졸업생의 90%는 논다

- 이퇴백: 20대에 취업을 포기하고 스스로 퇴직한 백수

- 청년실신: 졸업하면서 실업자가 되고, 신용불량자가 된다는 말

- 쉼포족: 휴식을 포기해야 할 정도로 바쁘게 사는 현대인

- 동아리 고시: 취업에 도움이 되는 동아리의 경쟁률이 고시에 못지않음을 가리키는 말

- 돌취생: '돌아온 취업 준비생', 입사한 회사에 만족하지 못해 다시 취업 준비생이 된 사람

- 밥터디: 함께 식사를 하면서 공부하는 것

- 31절: 31세가 되면 절망한다

- 장미족: 장기 미취업자들

- 호모 인턴스: 인턴생활만 반복하는 취업준비생을 빗대어 표현한 말. 영어로 쓰면 Homo Interns

- 부장인턴: 부장급처럼 경력이 많다는 뜻으로, 정규직이 되지 못한 채 여러 회사를 전전하는 인턴을 이르는 말

- 금턴: 인맥이 없으면 갈 수 없는 양질의 인턴자리를 뜻하는 말

- 흙턴: '금턴'과 반대되는 말로 허드렛일이나 단순 노동만 반복하는 인턴
- 삼포세대: 연애, 결혼, 출산을 포기한 세대
- 오포세대: 삼포와 함께 내 집, 인간관계를 포기한 세대
- N포(올포)세대: 모든 것을 포기한 세대
- 취업 3종세트: 학벌, 학점, 토익점수
- 취업 5종세트: 3종세트 + 자격증, 어학연수
- 취업 9종세트: 5종세트 + 공모전 입상, 인턴경험, 봉사활동, 성형수술
- 대2병: 자신감과 자존감이 넘치는 중2병과 반대로 인생의 허무함을 느끼고 방황하는 대학교 2학년 시기를 가리키는 말
- 사망년: 스펙을 준비하느라 고통받는 대학교 3학년을 가리키는 말

참 가슴 답답하게 만드는 말들이다. 지금 인터넷에는 희망보다 절망을 이야기하고, 건설적인 대화보다 남에 대한 악의에 찬 독설로 가득하다.

세상은 부조리하고, 내가 태어난 순간 나의 미래는 불행한 것으로 결정되었다면 자녀들이 어떻게 긍정적인 자세를 가질 수 있을까? 아무리 수고를 하고, 노력을 해도 나의 운명이 결정되었다면 인도의 카스트 제도 아래 살아가는 하층민처럼 그저 체념하고 살아갈 수밖에 없을 것이다. 그러나 힌두교도들은 이 생을 얼마나 긍정적으로 살아가느냐에 따라 다음 생이 결정된다고 믿기 때문에 자신의 처지를 한탄하거나 다른 계급의 사람들을 증오하는 일은 많지 않다. 그래서 체념도 그렇게 슬퍼 보이지 않는다.

그러나 우리는 체념과 함께 남에 대한 (많은 경우 부당한) 미움의 마음을 함께 가진다. 나의 처지의 원인은 남에게 있다는 것이다. 천주교에서는 '내 탓이요 내 탓이요 내 큰 탓이로소이다'라고 기도문을 외우지만, 우리 사회에는 '네 탓이요 네 탓이요 네 큰 탓이로소이다'가 판을 치고 있다.

'내로남불'이란 말도 흔히 듣는 말이다. 내가 하면 로맨스고, 남이 하면 불륜이라는 말처럼 우리는 상황에 대한 객관적이고, 합리적인 판단이 사라져버렸다. 남의 잘못에 대해서는 죽어라고 비난하다가, 자기 잘못에 대해서는 궤변을 늘어놓으며 지나치게 관대해진다. 나는 잘했으나 남들 때문에 내 처지가 이렇게 되었다고 하면 속이 좀 편해질는지 모르겠지만 상대방도 그렇게 생각하고 자신의 문제를 고칠 생각을 하지 않고 있으니 문제의 해결은 불가능하다. 내가 문제를 해결해야 할 주체가 아니니 이 상황을 해결하기 위한 방안을 찾지도 못한다. 그저 자포자기하고 하루하루를 살아가거나 인터넷에서 남에게 분노를 털어내면서 살아갈 수밖에 없다.

● 노마드가 되라

이런 것은 모든 문제를 좁은 나라에서 해결해야 하는 정주형 국민들의 특성이 아닐 수 없다. 노마드라면 이 곳에서의 삶이 고통스러우면 보따리 싸서 다른 곳으로 떠나면 된다. 남한의 면적은 10만㎢로 전 세계 육지의 0.067%에 불과하다. 다시 말해 대한민국을 훌훌 떠나면 우리나라보다 1,500배나 되는 기회의 땅이 기다리고 있는 것이다.

어떻게 이생망인가? 1,500배나 되는 아직 가보지 않은 기회의 땅이 있는데.

왜 헬조선을 이야기하면서 살아가나? 노마드는 지옥에서 투덜거리며 머물러 있지 않는다. 천국을 찾아 나서면 되는데, 왜 불평을 한다는 말인가.

왜 흙수저인가? 대한민국에 태어났다는 사실만으로 전 세계를 기준으로 볼 때 우리 각자의 입에는 다이아몬드가 몇 개씩 박힌 금수저를 입에 물고 태어난 것이 틀림없다.

이제 아버지도, 엄마도 바뀌어야 한다. 그냥 부모가 아니라 지혜로운 부모가 되어야 한다.

●부모의 변신

지혜로운 부모는 자녀들에게 희망을 이야기한다. 자녀들이 부딪칠 미래는 긍정적이고, 도전해볼 만할 거라고 이야기한다. 그러면서 그러한 미래를 얻어낼 수 있는 지혜를 가르친다. 세계를 향해 자녀의 시야를 넓혀 준다. 자녀의 장점을 찾아 미래를 살아갈 수 있는 능력을 지니도록 격려한다.

지혜로운 부모는 자녀와 함께 뉴스를 보면서 분노를 터뜨리지 않는다. 대신 문제가 무엇이며 어떠한 해결책이 있는지, 왜 다양한 견해가 발생하는지 설명해 준다. 광우병, 4대강, 원자력발전, 천안함, 세월호, 최순실, 최저임금, 반일운동, 조국 등 많은 이슈로 국민들은 이렇게 저렇게 나누어져 다투었고, 날선 논쟁을 했다. 지혜로운 부모는 이런 이슈가 있을 때마다 인터넷에서 양측의 주장을 조사하고, 이에 대해 대화를 나눈다. 아이들에게 자신의 주장을 펼 수 있도록 유도하고, 그 논거를 제시할 수 있도록 도와준다. 이 아이들이 어른이 되어 나라의 주인이 될 때는 자기와 생각이 다른 사람들과 진지한 대화를 통해 최선의 대안을 선택할 수 있도록 훈련되어야 하기 때문이다.

지혜로운 부모는 민주주의의 힘을 가르친다. 아이들이 어릴 때 투표장에 데려가서 투표하는 장면을 보여주며, 왜 이 후보를 지지하는지 설명해 준다. 그러한 과정을 통해 아이들은 사회 문제에 대해 주관적인 견해를 가지는 법을 배우게 되며, 자신의 판단이 투표를 통해 반영될 수 있다는 것을 알게 된다. 민주주의 국가에서 제일 큰 힘은 국민, 즉 우리에게서 나온다는 사실을 가르치며, 그만큼 선택에 대한 책임도 져야한다는 것을 설명해 줄 것이다.

지혜로운 부모는 음모론을 싫어한다. 국내외 굵직굵직한 사건들에는 반드시 음모론이 뒤따른다. 물론 그러한 배후를 파헤쳐야 하는 직업을 가진 사람들도 있겠지만, 지혜로운 부모는 대체로 당시 사회에서 정설로 받아들이는 주장을 수용하는 편이다. 세상에 많은 숨겨진 의도가 있을 수 있다. 그러나 매사에 음모론에 심취하는 사람들은 대개 세상과 다른 사람들을 신뢰하지 못하고, 미래를 비관적으로 여기는 경향이 있으며, 자신 역시 음모론의 피해자로 여기고 패배를 인정하지 않는 경우가 많다. 실패를 툴툴 털고 새로운 시작을 향해 나아가야 하지만, 다른 사람을 비난하고 과거에 집착하는 것은 결코 바람직한 것이 아니다.

부모가 집에서 신문이나 TV를 보며 사회에 대한 비판만 늘어놓고, 정부나 거대권력의 음모 탓을 하는 모습을 자주 접한 아이는 사회에 대한 부정적인 견해를 가지게 될 것이며, 자신 역시 음모의 희생제물이 되리라는 불안감을 갖게 되기 쉽다. 음모로 가득 찬 세상에서 자신의 존재는 왜소하게 느껴지고, 미래를 위한 도전을 두려워할 터이니 성공을 거머쥘 가능성은 희박해진다. 아니, 거의 없다고 해도 될 것이다. 그러나 미래에 대한 긍정적인 견해를 가지고 최선을 다한다면 때로 엎어지고, 넘어지더라도 성공의 과실을 취할 가능성이 높아질 것이다. 모름지기 비관론자에 의해 이룩된 업적은 없다.

또한 비판을 많이 하는 부모를 둔 자녀는 장차 자신의 부모마저 비판의 대상으로 여기게 될 가능성이 높다. 매사에 남의 탓하는 부모를 비겁한 변명만을 늘어놓는 사람으로 생각하게 될 수 있고, 부정적인 자세는 자녀에게도 전이되어 장차 사회뿐 아니라 부모의 부정적인 면들까지도 들추어내고, 비난하게 될 것이다. 그래서 예수님이 "너희가 심판을 받지 않으려거든, 남을 심판하지 말아라"라고 했나 보다.

지혜로운 부모는 표정은 항상 밝고, 긍정적이다.

당연히 그 자녀들도 늘 신이 난 모습이고, 매사에 긍정적이다.

그들의 밝은 표정은 주변을 밝게 하고, 많은 사람들이 그와 함께 하고 싶어 한다.

많은 사람들이 좋아하니 그들의 삶은 더욱 긍정적이고 행복해진다.

37.

성공에 대한 인식

　　김희삼 광주과학기술원 교수가 한국, 중국, 일본, 미국 4개국 대학생 각 천명에게 '성공요인에 관한 인식조사'를 했다. 김 교수는 재능, 외모, 성격, 노력, 부모의 재력, 인맥, 우연한 행운을 예시로 제시했다. 결과는 아래 표와 같다.

[표] 청년들이 생각하는 성공요인

	재능	외모	성격	노력	부모의 재력	인맥	우연한 행운
한국	22.1	4.1	2.2	9.5	**50.5**	9.9	1.7
중국	**45.3**	7.9	10.1	**12.9**	12.5	10.2	1.1
일본	**35.4**	8.7	11.3	**23.2**	6.7	8.9	5.8
미국	22.9	9.9	15.1	**23.4**	12.1	15.3	1.3

다른 세 개 나라의 대학생들이 재능과 노력을 성공의 요인이라고 한 반면, 우리나라 대학생들은 압도적으로 부모의 재력을 이야기했다. 조사내용이 소개된 기사를 읽으며 부끄러워 얼굴이 화끈거렸다.

자신의 성공과 실패의 원인을 부모의 재력에서 찾는 젊은이의 미래가 밝을 리 없다. 운 좋게 금수저로 태어났다면 이제 성공은 보장된 것이니 더 이상 노력할 필요가 없다. 재수 없게 흙수저를 물고 태어났다면 아무리 노력해도 성공할 수 없으니 역시 노력하지 않는다. 체념한 체 노력하지 않는 젊은이가 많은 사회는 건강할 수 없다.

많은 혁신과 위대한 도전이 부모의 재력을 기반으로 이루어진 것은 절대 아니다. 가난을 딛고 일어선 많은 사례가 있고, 부잣집에 태어났으면서도 선대의 부를 상속하는 데서 만족하지 않고, 전인미답의 신천지에 과감하게 도전한 경우도 흔히 볼 수 있다.

많은 숫자 속에 파묻혀 있지만 다른 나라 청년들이 꽤 중요하게 여긴 '성격'을 선택한 청년이 2.2%밖에 되지 않는다는 것도 가슴이 아프다. 노력을 통해 자신의 실력을 다지고, 훈련을 통해 성숙하지 못한 성격을 다듬을 필요를 전혀 느끼지 않은 채 모든 것을 돈의 탓으로 돌리는 우리나라 청년들의 생각은 자신뿐 아니라 공동체의 미래를 어둡게 할 것이 틀림없다.

인터넷에서 자주 발견할 수 있는 '징기스칸의 시'를 읽어보자. 사실 이 시는 징기스칸이 쓴 게 아니고, 김종래 작가가 《밀레니엄맨 칭기스칸》에서 적은 글인데, 요약한 것이다. 글에도 적혀 있지만 징기스칸은 글을 읽고 쓸 줄 몰랐다.

〈징기스칸의 편지〉

집안이 나쁘다고 탓하지 말라
난 아홉 살 때 아버지를 잃고 마을에서 쫓겨났다

가난하다고 탓하지 말라
난 들쥐를 잡아먹고 목숨을 연명했고
목숨을 건 전쟁이 나의 직업이고, 일이었다

작은 나라에서 태어났다고 탓하지 말라
나에겐 그림자 말고는 친구도 없었고,
병사로만 10만, 백성은 어린애, 노인까지 합쳐
이백만도 되지 않았다

배운 게 없어서, 힘이 없다고 탓하지 말라
나는 내 이름조차 쓸 줄 몰랐으나
남의 말에 귀 기울이면서 현명해지는 법을 배웠다

너무 막막하다고, 그래서 포기해야겠다고 말하지 말라

난 목에 칼을 쓰고도 탈출했고,

뺨에 화살을 맞고 죽었다 살아나기도 했다

적은 밖에 있는 것이 아니라 내 안에 있었다

나는 내게 거추장스러운 모든 것들을 깨끗이 쓸어버렸다

나를 극복하는 그 순간 나는 징기스칸이 되었다

이 편지가 징기스칸이 쓴 것은 아니지만 마치 징기스칸이 짙은 허스키 보이스로 오늘의 젊은이들에게 직접 하는 말처럼 생생하게 느껴진다.

소확행(小確幸)이란 말이 있다. 작지만 확실한 행복이라는 말이다. 요즘 젊은이들은 확실히 보장되어 있지 않은 미래의 큰 성공을 위해 오늘을 희생하고 연단하기보다, 차라리 오늘을 즐길 수 있는 확실한 작은 행복을 선호하고 있다. 그러나 아무도 미래를 위해 도전하고 노력하지 않는다면 세계적인 발전의 흐름에서 뒤처질 것이고, 결국 작은 행복조차 누리기 힘든 나라가 될 것이다.

38.

결언

4차 산업혁명 시대가 주는 두려움에서 시작한 이 책을 끝낼 때가 되었다. 필자는 4차 산업혁명 시대를 대응하기 위해서는 반드시 혁신적인 변화가 필요함을 설명했다. 그러면서 학교의 변화, 정부정책의 변화, 국회와 청와대, 지방정부의 변화에 대한 생각들을 나누었다. 또한 4차 산업혁명 시대에 필요한 개인의 혁신으로 창의성을 이야기했고, 공부에 있어서의 혁신을 설명했다. 그리고 마지막으로 미래에 대한 인식을 바꾸자는 이야기를 했다.

결국 다 바꾸자는 이야기다. 남편이 바뀌고, 아내가 바뀌고, 자식이 바뀌어야 한다. 내가 능동적으로 나를 바꾸지 못하면 미래에 의해, 남에 의해, 컴퓨터와 로봇에 의해 내가 원하지 않는 상태로 바뀌게 된다.

피할 수 없으면 즐기라고 했다. 다가오는 변화의 물결을 즐기고, 이런 물결에 올라타 멋진 파도타기를 즐길 수 있어야 한다. 파도를 타기 위해서는 거추장스러운 모든 것은 버려 버리고, 실력을 키우고, 담대함을 키워야 한다.

　과거 3차 산업혁명 시대를 잘 대처해서 우리나라가 크게 도약했던 것처럼 이미 와 있는 4차 산업혁명의 시대를 슬기롭게 대응함으로써 우리 개인이, 우리가 살고 있는 도시가, 그리고 자랑스러운 우리나라 대한민국이 멋지게 거듭날 수 있길 기대한다. 〈징기스칸의 시〉의 마지막 두 문장이다.

　나는 내게 거추장스러운 모든 것들을 깨끗이 쓸어버렸다.
　나를 극복하는 그 순간 나는 징기스칸이 되었다.

　이 문장을 이 책의 내용에 맞추어 수정해서 옮기며 글을 마친다.

　대한민국은 미래에 거추장스러운 모든 것들을 깨끗이 쓸어버렸다.
　대한민국을 극복하는 그 순간 대한민국은 위대해졌다.

저자 소개

학력

1977: 대구매천초등학교/대구종로초등학교 졸

1980: 대구경일중학교 졸

1983: 대구계성고등학교 졸

1987: 서울대학교 공과대학 산업공학과 학사

1990: 서울대학교 대학원 산업공학과 석사

2004: 서울대학교 대학원 산업공학과 박사

경력

1990~1995: 한국국방연구원에서 국방과학기술 관련 연구

1997~1999: 지식정보기술에서 업무 재설계 컨설팅

1999~2005: 양방향TV서비스를 제공하는 젠터닷컴 창업

1999~2000: 성결대학교 멀티미디어학과 겸임교수

2002~2004: 숭실대학교 정보통신학과 겸임교수

2003~2005: 한국데이터방송협회 수석부회장

2005~2014: KT에서 차세대인터넷, 원격진료, 화상회의시스템, 스마트팜, 영상보안, 시설보안, 신재생에너지, 에너지 관리, 전기자동차, 환경모니터링 등 정보통신기술 관련 연구개발

2010~2012: 보건복지부 건강관리서비스 포럼위원

2015: 창조경제타운 단장으로 사업 아이템 평가, 창업 멘토링

2916~2017: 계명대학교 글로벌창업대학원 겸임교수

2016~현재: (사)연구소4.0 설립, 혁신경제, 창의교육, 행복사회, 선진정
　　　치 관련 연구, 컨설팅, 강의

2017: 국회 과학기술방송정보통신위원회 정책연구위원

2018~현재: (주)아세아텍에서 정밀농업용 드론개발 연구

2016~현재: 대구도시공사의 스마트시티 자문위원

2018~현재: 대구교육청 학부모역량강화교육 창의적인재 강사

2019~현재: 대구경북가상증강현실산업협회 회장

저서 및 지적재산권

2014 아이갓(번역, 아바서원): 아들과 공역

2015 집나간 아빠를 찾습니다(비전북)

2015 노마드대디(비전북)

2017~2019 팔공신문에 139회 창의교육 칼럼 연재

(http://blog.naver.com/qseung에 재수록)

67건 특허 출원 및 30개 이상의 특허 등록

모두의 혁신

초판 1쇄 2020년 2월 28일

지은이   황영헌

펴낸이   박종태
펴낸곳   비전C&F
신고번호   제 2019-000191호

주 소   경기도 고양시 일산서구 송산로 499-10(덕이동)
전 화   (031) 907-3927
팩 스   (031) 905-3927
이메일   visionbooks@hanmail.net
페이스북   @visionbooks
인스타그램   vision_books_

표지디자인   민상기
본문디자인   민상기
마케팅   강한덕 박상진 박다혜
관리   정문구 정광석 박현석 김신근 김태영(오퍼)
경영지원   이나리
토탈   김경진
인쇄 및 제본 예림인쇄

공급처   (주) 비전북
전 화   (031) 907-3927
팩 스   (031) 905-3927

ISBN 979-11-968788-0-1